YOBEL
ヨベル新書
087

キリスト教古代の思想家たち

教父思想入門

関川泰寛［著］

YOBEL,Inc.

装丁　ロゴスデザイン：長尾優

キリスト教古代の思想家たち——教父思想入門

目次

第1章　教父とは

教父とは、英語ではChurch Fathersつまり教会の父祖たちのことです。初期のキリスト教の教会を生み出し、その信仰や教えの礎を築いた聖職者、思想家、修道士などを総称して指す言葉です。1世紀末の使徒教父と呼ばれる一群の人びとから始まって、7世紀のビザンツの神学者ダマスコのヨアンネスあたりまでを教父と呼び慣わしています。

教父は、教会の父ですから、キリスト教会の信仰や神学、礼拝の慣習や伝統の形成に大きな役割を果たしました。イエス・キリストが、古代地中海世界の東端パレスチナで神の国の到来を宣べ伝え、生涯の最後に十字架で死んで葬られ、三日目に復活した出来事が、人間の救済のためであったと確信した人々によって、福音伝道が始まり、教会が形成されたときに、古代地中海の様々な地域でキリスト教の弁証や伝道に関わった人々がでてきます。彼らは、自分が生きている地域の言語や文化をコンテキストにして、永遠の命を約束する福音の内容を考察し、神学思想として文書に結実させていきます。これらが土台となって、古代末期、中世、宗教改革の時代の信仰と神学が形成されていきます。

教父を学んでいて面白いなと感じる時は、たいてい、教父たちが福音の真理を自分自身の思想や文化の中で理解し、解釈し、土着化させていった試行錯誤の経過が分かる時です。日本という風土にプロテスタント教会による福音の種がまかれて、160年ほどがたちましたが、わたしたちが福音をどう咀嚼し、受容し、文化に受肉させていくのかという同じ問題意識を古代の教父たちも持っていました。彼らは、聖書の証言に立ちつつ、継承した伝統を受け継ぎながら、かなり自由に福音理解を展開していきます。

ただし、4世紀のキリスト教公認の時代には、何が正統的なキリスト教かということが問題となります。なぜなら、国家が承認するキリスト教はどのような教えを持つべきかが問われるようになるからです。

教父についての知識は、キリスト教の信仰や教理、神学を知るためには不可欠です。わたし自身、そのことに気づかされたのは、イギリスに留学して神学を学び始めた時でした。わたしは、1977年からスコットランドのエディンバラ大学で神学の学びを始めたのですが、神学の右も左もわからない新入生を待っていたのが、最初の小論文の課題でした。**アタナシオス**の『言の受肉』を読んで、そこに示されている受肉と救済の関係について書きなさいというような課題だったと記憶しています。

このような課題が持つ教育的な意味など考える暇もなく、学び始めたばかりのギリシア語と英語の対訳となっているテキストとにらめっこしながら、一カ月ほどで課題を書き終えた時、4世紀の古典と呼ばれる著作は、歯が立たない難解な書物ではなくて、私たちの信仰のルーツになるような多くの思想がつまっているのだと思わされました。

イギリスに留学するまで、わたしが読んだことのある古典は、アウグスティヌスの『告白』やルターの『キリスト者の自由』など本当に限られた書物でしたが、古典を読むことが神学事始めに相応しいのだと思いいたるようになり、学業の合間に、できるだけ多くの古代教父や宗教改革者たちの著作に接することを心掛けました。

学部一年生の必修講義は、General Theology という科目でした。日本語に直せば、神学通論となるでしょうか。この講義を担当していたのが、トランスというイギリスを代表する組織神学者でした。トランス家は、弟さんやご子息たちも神学者なので、この偉大な組織神学者をファーストネームの頭文字、Thomas F. から、T. F.（ティー エフ）と呼んでいました。明日は、T. F. の講義があると言うと、明日はトランスの講義があるという意味でした。

トランスは、カール・バルトの後継者とも目されていた人物です。同時にスコットランド教会のモデレーター（教会総会議長）も歴任した教会人でありました。神学と福音伝道が一人の人格に融合している稀有な神学者と言えます。トランスの知的な深みと結びついた福音への情熱が、ほとばしり出るような講義を毎回聴くことができました。

日本から来た留学生の乏しい英語力は、彼の神学への情熱と、神御自身の歴史への介入の出来事への畏れの感覚を理解する妨げとはなりませんでした。主イエス・キリストにおいて、神は歴史の只中に自己啓示されると全身全霊で語られるたびに、わたしは、戦慄すら感じる思いで、神の来られる彼方を見上げたものです。

トランスが、アタナシオスの受肉と救済の関係について熱く語ったのには理由があったことが後になってわかりました。トランスの神学の中心には、アタナシオスの受肉論に展開されている**ロゴス・キリスト論**の存在的、認識的な確信があります。

留学を終えて帰国した私は、神学をさらに大学院で学び、大学院終了後に、大学でキリスト教学、神学を講ずる立場に身を置くようになってから、トランス神学を書物から学び直し、彼が評価するアタナシオス神学とカルヴァン神学を研究するようになると、教父の思想の中に、宗教改革者たちや現代神学との萌芽が存在することに気づくようになりました。そこから、源泉に帰って、古代ギリシア教父の学びを始めることにしました。すぐにアタナシオス研究にとりかかりました。今から40年も前のことです。アタナシオスの著作の翻訳も研究論文も皆無の時代でした。日本に師がいるわけでもありません。4年に一度オックスフォード大学を会場に開催される国際教父学会に何度か出席して、海外の研究の最前線に接したりしながら、細々と研究を続けました。その結果、2006年に『アタナシオス神学の研究』（教文館）を出版することができました。十分な書物とは言い難いものですが、それでも留学以来、関心を注いだ古代ギリシア教父の思想の一端を日本の読者に紹介することができたことは、大きな喜びでした。

この40年の間に、日本における教父研究は飛躍的に拡大、進歩しました。多くの研究者が生まれ、数多くの教父の著作が翻訳され、**アウグスティヌス**など一部の教父に限られていた研究も、ギリシア教父、シリアの教父、ビザンツの教父などにも拡大し、国外での研究成果を生かした学術書も多数出版されるようになりました。半世紀前とは、隔世の感があります。今後も、教父の研究は継続されていくでしょう。

教父思想の研究は、現在進行形です。教父思想の入門書を書いている先から、新しい研究者が生まれ、研究書が書かれていくことでしょう。筆者の知識では追いつかないところもたくさんあります。しかし、2022年の時点で、教父思想に関心がある方々、これから学んでみたいと願う方々に、膨大な教父思想の文献を渉猟し、学び始める際の**道しるべになる書物**をと願って書かれたのが本書です。本格的な学術書や教父の原典を読みたいと考えている方々の最初の道案内の書物を目指しました。楽しみながら、ちょっと気楽に教父について学んでいただければ幸いです。

第2章　教父を知る意義

今から千数百年前の教父、しかも日本の文化や歴史とは無縁の思想家を知る意義はどこにあるのでしょうか。大部分がギリシア語やラテン語で書かれた古典を、日本語で学ぶ意義はどこにあるのでしょうか。

まず、教父思想は、西欧の思想、神学、哲学、さらには政治思想などの源泉であり、純粋に知的な意味でも、ヨーロッパの思想や学問に興味ある方々には、必須の学問分野だと言えます。たとえば、4世紀のラテン教父アウグスティヌスを例にあげましょう。アウグスティヌスは、西欧思想のおそらくほとんどすべての知のルーツとなる思想を提供します。

人間とは何かという問い、教会と国家の関係、教会とは何か、さらには人間の救済の問題など、その思想は多方面にわたります。同時に彼の論じた著作には、プラトンから始まる実在論の展開があり、物（res：レース）と徴（しるし）（signum：シグヌム）など存在についての哲学的思索が展開されています。哲学、歴史、国家、人間など、後の西欧思想が取り扱うことになるあらゆる分野の思想の淵源を見出すことができます。

さらにキリスト教神学の分野へと絞り込めば、アウグスティヌスの貢献は量り知れないほど大きなものです。アウグスティヌスの思想は、**中世のスコラ学**の源流となり、そこから穏健な**実在論**やアウグスティヌスの立場に反対する**唯名論**などに分かれていきます。さらに、アウグスティヌスが、サクラメントの効力は、サクラメントそれ自体にあることを主張して、**ドナトゥスト派**を論駁したこと、人間の全的な堕落ゆえに、恵みと恩恵によってのみ救われるという信仰義認論を**ペラギウス派**に対抗して主張したことなど、後の神学論争の土台を形作りました。アウグスティヌスが存在しなければ、その後の長いキリスト教神学の歩みがどうなったのだろうかと考えざるをえないほどです。

古代教父を学ぶことは、歴史を遡って現代神学の議論を知るためには必須の作業です。先に述べた20世紀を代表するスコットランドの神学者トランスの神学研究には、彼が依拠したギリシア教父の存在理解や認識理解が前提となっています。さらにプロテスタントの宗教改革者たちも、聖書の証言とともに、古代教父の神学を土台としていました。16世紀の宗教改革時代の信仰告白にも、キリスト論や救済論においては、古代教会の信仰や教父の神学を継承することが明記されています。つまり、宗教改革とルネサンスの合言葉となった「**源泉に帰れ**」（*ad fontes*）とは、聖書という源泉とともに、古代教父という源泉に帰ることを促す言葉でした。

もちろん、聖書は、神の霊感によって書かれた「神的（テイア）」言葉であり、唯一の信仰の源泉です。その意味では、教父は批判的に吟味検討されながら、教会の教理と信仰の源泉とみなされたことは言うまでもありません。

これらの事情から、教父思想を学ぶ意義は、古代から現代にいたる思想の源流と系譜を知るところにあります。思想は、連続性を持つとともに、不連続である場合もあります。両者をしっかりと区別しながらも、古代、中世、宗教改革へと至る神学思想とわたしたちの信仰の系譜のダイナミズムを知ることの意義は、決して小さくありません。

さてここまで、教父思想を知る意義についてお話ししてきましたが、いささか抽象的にお感じになった方も多いと思います。そこで、具体的な例として、**キリスト論の問題**が、教父思想から宗教改革、そして近現代に至るまでどう展開され、**教父思想の理解**が、歴史の連続性と不連続性の理解に不可欠であることをお示ししましょう。

キリスト教会の伝統的な教えは、聖書が証言するイエス・キリストという存在をただ単なる歴史の偉人や英雄のひとりとは考えません。5世紀に確立した言葉に従えば、イエス・キリストは

「まことの人であり、まことの神である」と言い慣わされてきました。ラテン語で、*vere homo vere deus* と表現されます。このような信仰に至りつくまでには、相当に長い論争と激しい闘争が行われました。キリスト教は、ナザレのイエスの処刑と死、復活から始まります。自分たちが、メシアであると待望したイエスというガリラヤ人が、十字架刑で処刑されて死に、墓に葬られて三日目に、死よりよみがえった出来事を複数の女性たち、弟子たちやその他多くの人々がともに目撃します。この一連の出来事によって、イエスをキリスト（メシア、救い主）である、しかもこのキリストは、人々が待望したこの世の王の姿をとるメシアではなく、自ら十字架を負い、人々の罪を引き受け、ちょうどユダヤ教でいう神の怒りを宥（なだ）める犠牲の小羊になってくださった方であるとの確信が芽生えます。この確信が、初代の教会の人びとに共有され、伝承されて、古代教会のキリストについての教え（キリスト論）が形成されていきます。

しかしながら、このような思想の継承は、連続性ばかりではありませんでした。4世紀になって、キリスト教がローマ帝国によって公認されると、そもそも何がキリスト教の中心なのか、という論争が生じます。キリストとは誰であったのか、人であったのか、それとも神であったのか、あるいは両方であったのかという議論です。

論争の発端は、4世紀初頭の北アフリカのアレクサンドリアでした。ここで活動する**アレイオ**

スという司祭が、イエスの十字架の苦難と死という聖書の証言から、その人は、天の父なる神の意志を知って、その意志に自分を合致させようとした類（たぐい）まれな人であることを認めることはできても、さらにその人は、わたしたちがその生きざまに学ぶことによって、神の意志に自分を従わせる救済へと導く存在であることを認めることができても、天の父なる神と本質を同じくする存在とは認められないと主張し始めます。

アレイオスは、アレクサンドリアの司教であった**アレクサンデル**に「御子は一被造物」であり、「御子が存在しない時があった」という主張を伝えました。このアレイオスの主張に対して、アレクサンデルは、御子は御父と等しい神の御子であるから、誤った教えを撤回せよとアレイオスに迫りました。アレイオスは自説の撤回を拒否して、譲りませんでした。そこで、アレクサンデルは、アレイオスをアレクサンドリアの町から追放処分とします。318年のことです。ここからアウグスティヌスの時代（5世紀初頭まで）に至る長い論争と抗争、すなわち**アレイオス論争**が始まります。

アレイオス論争で明らかになっていくことは、聖書が証言するキリストの苦難と神の御子としてのキリストの姿をどう弁証し、説明するかという課題でした。アレイオスの弁証の方法は、ある意味で合理的で、当時のギリシア哲学を習得した知識人たちには納得のいくものでした。天の父なる神のみが全能で絶対であるなら、どうして、苦しみ死んだ御子もまた神と等しい方であると言えるのだろうか。こういう問いが、アレイオスとその一派のキリスト論の形成を促しました。アレイオス派のキリスト論は、325年に開催された最初の公会議であるニカイア会議で論難されます。そこで採択されたニカイア信条（381年のニカイア・コンスタンティノポリス信条と区別して原ニカイア信条と呼ぶ場合もあります）には、呪いの言葉（アナテマ）が最後に付され、アレイオス派のキリスト理解が退けられました。

その後もアレイオスの主張は、古代地中海世界に拡大し、コンスタンティヌス大帝の死去後に、帝国が東と西に分裂すると、東の正帝コンスタンティウスは、アレイオス派を、西の正帝コンスタンスとコンスタンティヌス2世は、アレクサンドリアの司教座のキリスト理解を受容して、帝国はキリスト論において二分されていきます。かくして東西皇帝の権力闘争とキリスト論論争は結びつくようになります。

さて、古代から宗教改革に目を向けると、16世紀にも〝キリストは誰か〟をめぐって論争が行われました。特にキリストを神の子とは認めず、その結果、三位一体を否定する人々が出現します。17－18世紀に、イングランドで科学的思想が発展すると、反三位一体の立場からキリストを理解し、理性を犠牲にすることなく、キリストの存在や救済をとらえる人々が数多く生まれます。万有引力を発見した**ニュートン**もまた、アレイオス派のキリスト教理解に近い考え方をしていたと言われています。

このようなキリスト教の教理の歴史を知るためにも、歴史の始源にあたる古代教父の思想を的確にとらえることが、**歴史神学**の重要な課題となります。その意味で、教父思想を学ぶ意義は少なくありません。

さらに、国際教父学会に出席していてよくわかることですが、現代の教父研究は、教父固有の神学思想の解明のみならず、教父思想が生み出され形成された**時代の背景**や**思想**の研究と表裏一体となっています。例えば、4世紀後半の**カッパドキアの三教父**である**バシレイオス**、**ナジアンゾスのグレゴリオス**、**ニュッサのグレゴリオス**は、いずれも三位一体論や聖霊の教理、救済論形成に重要な貢献をしましたが、同時に彼らが生きた時代の政治や経済、医療や福祉などの証言者でもあります。彼らの神学思想と博愛思想、救貧院形成の思想、修道思想など、教会の領域にとどまらない広汎な社会史と関わるような貢献も明らかになります。教父研究は、政治史、経済史、医療の歴史、福祉の歴史、修道院の歴史などの解明にも寄与します。本書16章「信仰と敬虔に生きる――バシレイオスの思想の深み」や17章「エルサレムのキュリロスの時代――4世紀半ばのエルサレムと洗礼、聖餐」などは、これらの教父研究のケーススタディとなってます。

最後に、教父研究は、現在の教会のアイデンティティの理解を深め、それによって教会の形成と伝道に貢献するでしょう。教父たちは、ほぼ例外なく伝道者であり、牧会者でした。福音伝道のためには、生命も賭する覚悟で生涯を過ごしました。教父の中には、殉教者が少なくなかったのもそのためです。

彼らは、古代地中海世界というキリスト教の世界観、人間観、救済観とは異なる文化の中に、福音の種をまく志を持ち続けました。**テルトゥリアヌス**は、アテナイとエルサレムは何の関係があるかと述べて、福音と古代ギリシア文化や哲学がまったく相容れない異物であると主張しました。これに対して、2世紀半ばの**ユスティノス**は、真理のために毒杯を仰いで死んだソクラテスもキリスト者であったと主張して、福音とギリシア哲学の親和性を語りました。

このように立場の相違はあるにしても、教父たちは、古代ローマの異文化の世界に福音の種をまき、それを土着化する試みを続けました。この福音の土着化の課題は、わたしたち日本の教会にとっても共有されます。そういう意味で、教父思想を学ぶ意義は、想像以上に**現代的**で、**実践的**なものです。

加えて、教父たちが常に敬虔と結びついた神学形成を目指した点も、わたしたちにとって重要です。古代のギリシア教父の神学思想には、「**頌栄性**」が内包されています。単純に言えば、父・

子・聖霊なる神を讃美する姿勢です。この姿勢が、教父たちを礼拝者として立たせ、牧会者として歩ませたのです。

現代のプロテスタント教会の神学は、どこまで深く、古代教父の「頌栄性」を理解しているでしょうか。あるいは頌栄と神学の密接不可分の結びつきの中で、神学することを行っているでしょうか。こういう問いかけを受けるのも、教父思想を学ぶ時なのです。

第3章　教父の生きた世界と時代

古代地中海世界とローマ帝国

古代教父が生きた世界は、古代地中海世界でした。さらに彼らが活動した時代は、古代ローマ帝国の支配する時代と重なりました。

そもそもキリスト教は、古代地中海世界の東端のパレスチナに起こり、百年足らずの間に古代ローマ帝国内に伝播することになります。古代地中海世界とは、温暖、少雨、ぶどうやオリーブの栽培などを特徴とする、一様な地中海性気候の下にある地域であり、大部分はいわゆる「農村」ではありましたが、この地域の社会の基本形態は、「都市（ポリス）」でした。都市は、ギリシアの時代から地中海周辺地域に拡散して存在し、その数は数百から二千とも言われました。ローマ帝国は、無数の都市の凝集として存在したとも言えます。都市の外に農村が存在し、穀物栽培等を行って、食糧供給の役割を果たしましたが、この地域の文化的な特色は、主に都市を基盤にして形成されました。教父たちの多くは、都市の教会の司祭や司教であり、農村に隠棲して修道生活を営んだ者たちも、元来は都市との密接なつながりを持っていました。

都市には、市民的社会あるいは市民共同体が存在し、そこで市民は原則として、土地を所有し、自活しうる独立的な存在であるとともに、共同体の一員としての自覚を少なからず持っていました。これら市民共同体は、それぞれが固有の守護神を持ち、神々に対する崇敬をささげ、祭儀を行いました。これらの守護神として、エトルリアやギリシアの神々、イタリア諸部族の神々が受容され、同化されたものでした。

古代地中海世界では、このような父祖伝来の諸宗教以外の宗教は、「邪悪な宗教」とみなされ、弾圧を受ける場合もありました。しかし、宗教について寛容政策をとったローマ帝国は、公共の基準に反しない限り、多くの諸宗教の存在を黙認しました。

1~2世紀のローマ社会は、自由人と奴隷から成り、そのうち自由人は、ローマ市民権者と属州民から成っていました。さらにローマ市民権者は、上層と平民に区分されました。上層は、ローマ元老院議員、騎士身分の人々、地域の名士などから成っていました。ローマ帝国は、時代の推移とともに、これら身分上の区別を全帝国共通の法的に定められた区分とし、階層的社会を内包する領域国家へと変化していきます。このような階層的な身分の形成は、かつてのポリス的な市民共同体としての性格をすべて払拭してしまったわけではなく、なお市民生活の根底に残り続けたことも事実です。例えば、ギリシア・ローマの都市では、一貫してエリートが政治や軍事、文化、経済における指導的な役割を演じることが前提とされていました。都市社会のシステム維持のために尽力することや、私財を投じて公共施設建設や演劇や剣闘士ショーなどの娯楽の提供、貧しい家庭の子弟に対する育英資金の拠出などが期待されたのもこのためです。このような共同体へのエリートの奉仕は、「善行・恩恵賦与」（エウエルゲシア、evergetism）と呼ばれました。キリスト教が公認される4世紀になると、都市のエリートに代わって、都市の司教たちが、都市行政の指導的な役割を担うようになるのも、このようなローマ帝国の都市の構造がそのまま継承されたからです。

ローマ帝国の人口は、最大で6000万人から7000万人と推定され、帝国の単位はすでに述べた都市であり、諸都市のうち、ローマは例外的に巨大で、120万人ほどの人口に達したと考えられています。しかし、キリスト教が最初に伝播した東方の諸都市は、アレクサンドリアは例外的に20万人～30万人の人口を擁していましたが、他はせいぜい5～6万人の人口であったと考えられています。トルコの西岸に美しい遺跡として残っているエフェソの町も、人口はせいぜい数万人だったと考えられます。

ローマ帝国内には、公道が発達し、3世紀末〜4世紀初頭のディオクレティアヌス帝の時代には、幹線道路の総数372本、述べキロ数は、8万5千キロに達したと推定されています。キリスト教の伝道者たちは、これらの幹線道路を通って各都市に福音の種を蒔きました。使徒パウロの時代から都市を中心に教会が形成され、2〜4世紀には、この都市に建立された教会を中心に教父たちの活動が展開されていきます。アレクサンドリアでは、**クレメンス**や**オリゲネス**、**アタナシオス**、リヨン（ルグドゥヌム）では**エイレナイオス**、ローマでは**クレメンス**や**ユスティノス**、アンティオケでは、**イグナティオス**や**テオフィロス**、**クリュソストモス**、小アジアのカエサリアでは、**バシレイオス**、パレスチナのカエサリアでは**エウセビオス**、ミラノでは、**アンブロシウス**や**アウグスティヌス**という具合に、都市と教父は、密接な結びつきを持っています。

ローマ帝国内には、ケルト人、ベルベル人、イタリア人、ギリシア人、エジプト人、アラビア人、トラキア人など多様な慣習と文化、言語が混在していました。帝国は、征服諸民族の混淆（こんこう）だったのです。たとえば、アウグスティヌスの母**モニカ**は、北アフリカのベルベル人であったと推定されます。各地の地方神が礼拝され、独自の祭儀が行われていました。このような文化の多様性にもかかわらず、先に指摘したように、西方地域では**ラテン語**が、また東方地域では**ギリシア語**が公用語として用いられて、古代地中海世界には、大きく分けてラテン語圏とギリシア語圏という一定の言語的一致が存在したことも事実です。これら二つの言語によって、ブリタニアからメソポタミアに至る広汎な地域の交流と移動も可能になりました。教父たちは、この言語圏を移動する思想家となりました。例えば、アウグスティヌスは、北アフリカのタガステという町の出身ですが、カルタゴで勉学し、ローマからミラノ、そして再び北アフリカに戻り、ヒッポの司教となって生涯を終えます。また、2世紀半ばの弁証家ユスティノスも、生まれは古代のパレスチナの町フラビア・ネアポリス（現在のナブロス）ですが、その後小アジアのエフェソを遍歴し、海辺で老人と出会ったのがきっかけでクリスチャンになり、ローマに移動して、そこで私塾を開き、哲学とキリスト教を教えたと伝えられています。教父たちは、師を求めて時に遍歴し、古代地中海の文化圏で活動しました。その意味で、彼らの思想の一つの源は、古代地中海世界の思想世界であったと言ってよいでしょう。

ローマ帝国は、網の目のように張り巡らされた幹線道路によって、軍隊を派遣し、国境地帯で戦争を継続しました。しかし、中心部では、平和主義的な文民政府が存在しました。しかし、245年から270年にかけて、あちらこちらで国境線が破られ、ゲルマン民族の侵入が始まります。紀元251年には、ドナウ川の河口でデキウス帝がゴート族との戦さを行っていますし、260年には、ペルシア皇帝シャープル1世によってウァレリアヌス帝が捕らえられる事態も起こりました。このような異民族との戦争に備えるために、260年頃には、元老院議員による軍隊の指揮は無くなり、直接ローマの軍人が指揮命令して、戦争が遂行されるようになります。軍隊は、機動力を高めるために、部隊編成を少数に改革し、小部隊の中に重装騎兵が加えられました。このような軍隊の管理のために、官僚の組織化も行われていきます。

しかし、ローマ帝国の繁栄と平和は、内部に矛盾と崩壊への危機の可能性を常に孕んでいました。特に、属州民は、ローマ市民の特権的・支配的な地位に対して、依然として貢納義務に服する従属的な立場に置かれていたのです。また奴隷がローマ社会では、不可欠の労働力であり続け、その職種は細分化され、取扱も千差万別であったと思われます。奴隷解放も実施されましたが、社会構造そのものは依然として奴隷制度に依拠していたことは事実です。M・ウェーバーが言うように、都市と海上交通とともに、第三の社会の基盤として、奴隷制度を考えることができるほどでした。言い換えれば、これら3つの社会基盤が揺らぐことによって、永遠の平和を保ち続けると考えられた「ローマの平和」は、やがて崩壊へと向いました。

さらに、ローマ社会は、皇帝権力の強化とともに、市民的な自由が制限されるようになり、その結果、体制への不満、抑圧された属州民の蜂起、辺境での異民族との衝突の激化などの事態が顕在化していきます。

特に4世紀後半の教父たちの思想には、このような歴史の転換期が映し出されています。アウグスティヌスが生きた5世紀初頭は、ゲルマン民族の侵入によって、西ローマ帝国が崩壊に瀕する時代でした。キリスト教信仰を受容し、ローマの国教化が進んだ時代に、異教徒によって滅ぼされようとしているローマの現実は、ラテンの教父たちに、歴史と神の支配、神の国の関係を問う動機を与えました。アウグスティヌスが、『**神の国**』を書いたのも、そのような問いに答えるべく、歴史の神学の問題意識を与えられたからです。また**ラクタンティウス**の著作にも、時代背景が色濃くにじんでいます。

古代社会におけるキリスト教徒

初期キリスト教徒たちの出身階層は、最上階層が極端に少なく、最下層つまり奴隷も少なく、当時の一般社会の階層に比例して、中下層民が大多数であったと考えられています。

教父たちは、文字を読み書きし、聖書や他教父、古代哲学や思想を理解できたという点から、知識人層に属していたことは明らかです。もちろん、出身の家庭の富裕度に差異はあったとしても、教父たちの多くは、ある時点で一定の教育を受け、思索活動に耐えうる知力を身に着けたことは容易に推測できます。

4世紀のアレクサンドリアの**アタナシオス**は、幼い頃、司教さまごっこを海岸でいているところを、司教**アレクサンデル**に見出されて司教館に住まうようになり、教育の機会を与えられ、アレクサンデルの後継者とされた逸話が伝えられています。4世紀後半のカッパドキアの三教父たちは、現在のトルコのカッパドキアの名門貴族の出身で、バシレイオスとナジアンゾスのグレゴリオスは、ともにアテナイで哲学を学びました。アウグスティヌスは、北アフリカのタガステ出身で、決して裕福な家庭とは思われませんが、学資の援助を親族から得て、カルタゴに出て勉学の機会が与えられました。その後、ローマからミラノへと居を移し、ミラノで国立学校の修辞学教師になっています。

このように教父たちの人生はさまざまですが、神学的な省察を行いうる思索の能力と著作能力を身に着けていたことは間違いありません。もっとも、古代世界では、著作の多くは、速記者を雇って、口述筆記させることで作られていましたが、それでも口述筆記させる文章と思索は、各教父が身に着けたものです。

さて、教父の生きた時代のキリスト教徒とローマの一般市民との間に、価値観等の相違点はあったのでしょうか。それとも、共通点が多かったのでしょうか。この問題については、異なった学説がこれまで提示されてきました。マクマレン（R. MacMullen, Enemies of the Roman Order, 1966;

Paganism in the Roman Empire, 1981）のように、キリスト教徒と異教徒の間には、価値観において大差は無かったと考える研究者もいます。彼は、富や奴隷制度、娯楽についての価値観に大きな差はなかったと結論づけています。反対に、テルトゥリアヌスのような教父が、当時のローマ人が熱狂した剣闘士のショーや娯楽、女性の化粧などについて批判的な記述を残しているために、キリスト教徒とローマ人の間には、価値観の相違があったと主張する学者も少なからず存在しました。

わたしは、テルトゥリアヌスの批判は、当時のローマの知識人全般が民衆娯楽を軽蔑したのと同じで、とりたてて、キリスト教徒とローマ人の価値観の差異というような結論を導かなくてもよいと考えています。ちょうど、21世紀の日本で、クリスチャンは、神社仏閣の祭りには冷ややかですが、時代の多くの価値観を共有しているのと同じです。

しかしながら、キリスト教徒とローマ人の価値観やモラルの共通性を受け入れたとしてもなお説明がつかないキリスト教徒の独特な価値観が存在したことも事実です。それが、「性のモラル」です。（Peter Brown, The World of Late Antiquity, 1971; The Making of Late Antiquity, 1978, The Cult of the Saints, 1981, The Body and Society, 1988）。とりわけ、古代末期における禁欲隠修士の出現と禁欲という価値の重視は、ローマの社会全体には見られないキリスト教独自のものとみなすことができます。オリゲネスも、学問への情熱ゆえに、禁欲を徹底させて、自ら去勢したと伝えられています。

他方、古代ローマ社会では、当初ローマ人たちは、なかなかキリスト教徒に接する機会がなかったことも事実でしょう。たとえば、**小プリニウス**が、2世紀初頭に小アジアのビチュニア・ポイントゥスに属州長官として赴任した際に、はじめてキリスト教徒なる人々に出会ったと言われます。彼は、キリスト教徒の扱い方について、時の皇帝トラヤヌスにお伺いを立てています。キリスト教徒に対する告発がなされた時に、彼らを名のゆえに処罰すべきか、それとも匿名密告によって告発されて、はじめて処罰の対象となるのかなどの問いです。

2~3世紀には、キリスト教徒とは、こういう人々であるという噂がたてられたこともある意味で納得できます。多くの人々は、実際にはクリスチャンに接する機会もなく、噂によって、キリスト教徒の先入観の強いイメージを作り上げていました。それらの噂や評判を大別すると次のようになります。

①葬式の互助組合を形成する人々:貧しい人々のためにお金を積み立てて、葬儀のための互助活動をする集団。このような葬儀の互助組織は、当時の地中海世界には広く存在していました。加入者は、定期的に会合を行い、食事などもともにしたと伝えられています。各組合には守護神も奉じられていたので、キリスト教徒の集いである教会もそのような集団

の一つとみなされていたようです。

②迷信を信じる人々：ローマ人は、エジプトのセラピス神崇敬やユダヤ人の信仰もしばしば迷信と呼んでいました。タキトゥスの『年代記』15・44には、「彼らの創始者キリストは、ティベリウスの治世下にユダヤの総督ポンティオ・ピラトによって処刑された。しかし、この一時的な挫折にもかかわらず、この許し難い迷信（*superstituo*）は、害悪が発生したユダヤ教においてばかりではなく、ローマにさえ新しく勃発したのである」と書かれています。またスエトニウスの『ローマ皇帝列伝』（ネロの項目16章）では、「新しい有害な迷信にとらえられた一群の人々、キリスト教徒たちに課せられる」と記され、さらに『小プリニウス書簡』では、「度外れた迷信の徒」と表現されています。

③その他、根拠の希薄な誹謗中傷の類：無神論者、「テュエステスの徒」「オイディプスの徒」などの数多くの侮蔑的な呼称が使用されていました。

これらからわかるように、初期の教父時代には、ローマの大衆たちには、必ずしもその実態を知られていなかったキリスト教とキリスト教徒は、軽蔑と中傷の対象とされており、キリスト教徒たちは、かえって、この心ない批判に対して、自分たちの信仰の真理性や普遍性を弁証するきっかけが与えられました。

迫害の時代を生きた教父たち

ローマ帝国におけるキリスト教徒迫害は、時代によって異なった様相を呈しています。まず、1～2世紀にかけては、国家的な規模での迫害は起こりませんでした。小プリニウスの書簡からも知られるように、「キリスト教徒は探索さるべきではない」のであり、「もし彼らが訴えられ、有罪が証明されたなら、その時に処罰さるべきである」と定められていました（トラヤヌスの返書の言葉）。また悔悛には、恩恵が与えられ、匿名密告は受理しないように注意が促されています。

しかし、1～2世紀に迫害がなかったわけではありません。ローマ帝国内の各地で散発的な迫害が、時には民衆リンチのような形をとって行われました。しかし、使徒言行録19：21以下のエフェソのアルテミス神殿での事件に見られるように、都市や属州の当局者は、キリスト教徒に対するこの種の迫害に比較的冷静に対処したことが多かったのではないかと推測されます。当局は、決して公的に迫害に加担することはありませんでした。

64年のネロ（在位54～68年）による迫害は有名ですが（タキトゥス『年代記』）、これもキリスト教徒が帝国によって有罪とされたからではなく、あくまでも放火犯として特定され処罰されたたものでした。しかも迫害は、ローマ市に限定されていました。つまり、2〜3世紀には、迫害は、キリスト教徒であること自体に対する暴力の行使でもなければ、帝国の恒久的な基本方針の下に全国規模で行われた「国家政策」でもありませんでした。この時代の迫害は、偶発的かつ局地的な迫害と言えます。また96年のドミティアヌス帝の迫害も、最近の研究では、キリスト教徒を特定したものではなかったと判断されています。

従って、この時代は地域によっては、比較的自由にキリスト教徒は礼拝を守り、墓地等で集会を行うことができたと考えられています。但し、先の小プリニウス書簡に示されているように、2世紀初頭の小アジアでは、キリスト教徒が告発されていたことも事実であり、棄教のしるしを示さなければ、処罰されたと思われます。また、ローマでは、イグナティオスやユスティノス、**ポリュカルポス**（スミルナ司教）など、使徒教父や弁証家と後に呼ばれるようになる複数の初期の教父たちが殉教したと伝えられています。さらに、177年には、フランスのリヨン（ルグドゥヌム）で、48人のキリスト教徒が殉教しています。この時、リヨンを離れていて難を逃れたのが、後にリヨンの司教となるエイレナイオスです。すでに述べたように、これらの迫害は、民衆の中から生じたキリスト教徒への憎悪と誤解によるリンチのようなものであったと推測されています。

しかしながら、2世紀後半のマルクス・アウレリウス（在位161～180年）の時代になると、ローマ帝国は、迫害を行う総督や都市に対して、これを是認する方向へと向かいます。さらに、2世紀から3世紀にかけて、経済的不振と蛮族の侵入等の要因によって、ローマ帝国自体が衰退を始めると、迫害の歴史は新しい展開を見せます。それは、ローマ皇帝の地位の不安定化に対処するために、一種のイデオロギー政策を帝国がとったことによります。このようなローマ帝国のイデオロギー政策とは、帝国の難局（疫病の蔓延、ゲルマン人の侵入、国庫の破綻等）に直面して神々の祭司や占い師を伴わせて自分の属する社会の安寧のために役立つ神々を総動員するものでした（松本宣郎『ガリラヤからローマへ』14頁参照）。

しかし、忘れてはならないことは、3世紀半ばまでは、ローマ帝国は混乱状態にありながらも、キリスト教は、迫害のない小春日和をある程度楽しむこともできたということです。その中で、教会は洗礼志願者制度等を整えて、伝道を進展させ、教勢を延ばしていきました。エウセビオス『教会史』VI・43・11の記述によれば、この時期までに、ローマには、司教（監督）2人、司祭（長老）46人、執事7人、副執事7人、侍従42人、全部で百数十人の役職者がおり、教会がその食事の世話をする貧しい人々やもめ、孤児は1500人以上いたと記録されています。

ところが、このようなイデオロギー政策によって、太陽神崇拝の強要や伝統的なローマの神々

（ユピテル、マルスなど）の復興の試みがなされ、皇帝礼拝への道も開かれると、それに従わないキリスト教徒への組織的で、政策的な迫害が加えられるようになります。

３世紀半ばになると全国的な規模での迫害が生じます。その先駆けとなったのは、セウェルス帝、デキウス帝、ウァレリアヌス帝です。セウェルス帝は、自分の宮殿に、ギリシア・ローマの神々ばかりでなく、東方ペルシア起源の神々やアブラハム、モーセ、さらにはキリスト像まで置いたと伝えられています。一種の混淆宗教を信奉するようになります。ここには、皇帝が宗教を選択し、国家安寧を祈願するという傾向が見られます。

またデキウス帝（在249～251年）は、フィリップ・アラブス（在244～249年）の寛容政策を棄てて、伝統的なギリシア・ローマ宗教の祭儀を全帝国民に強制し、蛮族や疫病の害からローマを守ろうとしました。この迫害下で、ローマの司教ファビアヌスは、２４９年末に逮捕され、２５０年に処刑されています。デキウスの宗教政策は、キリスト教徒迫害を直接の目的としていたとは考えにくいのですが、結果として皇帝の命令に服さないキリスト教徒が現れると、全帝国規模でのキリスト教徒迫害へと発展していったと思われます。但し、供犠式に参加したくなかったキリスト教徒の中には、供犠が免除されるという「小冊子」（リベルス）なる証明書を得て、免れた人々もいました。迫害の時代に生きたアレクサンドリアの**オリゲネス**は、父**レオニデス**を迫害で失いましたが、続いてオリゲネス自身も、デキウス帝の時代に投獄され拷問を受け、この時の傷のために254年にテュロスで死去しています。

ウァレリアヌス帝（在253〜260年）は、257年に突如「迫害第一勅令」を公布しました。この勅令によって、キリスト教徒の礼拝と集会を禁止しました。この時期に逮捕されて処刑された教父にラテン教父の**キプリアヌス**がいます。キプリアヌスは、カルタゴの司教となった人物で、古代のラテンの教会には大きな影響と感化を与えました。特にアウグスティヌスの神学には、キプリアヌスのサクラメント理解や教会理解が影響を与えています。思想的な影響にとどまらず、キプリアヌスの殉教者としての生き方は、その後の教会が、キプリアヌスの殉教をたたえ、殉教碑や記念教会の設立などを促したほどです。

258年夏には、「迫害第二勅令」が出され、司教、司祭、助祭など教会の上層部は直ちに逮捕、処刑されることとなります。一般信徒も信仰に固執すれば処刑される事態へと至ります。地域によって不徹底やばらつきはあったものの、3世紀半ばから、迫害は、法に基づく組織的なものとなり、その規模も全国的なものに発展していきます。

ウァレリアヌス帝の子、ガリエヌス帝（在253〜268年）の時代に、迫害は中止されます。その後約40年のキリスト教徒にとっては、平和な時代が来ることになります。275年から285年にかけて、歴代の皇帝はペルシアとの戦いに忙殺されてキリスト教徒迫害の余裕を持たず。従って、ヴァレリアヌス帝の迫害終了後（260年）からは、比較的平穏な時を、キリスト教会は過ごすことができました。

しかし、303年より、有名なディオクレティアヌス帝（在284～305年）の大迫害が、起こります。ディオクレティアヌス帝は、ゼウス＝ユピテル、ヘラクレスを中心とする伝統的なギリシア・ローマの神々を皇帝の守護神として崇敬しました。自己の宗教心と帝国の政策の信念にもとづいて、彼は、303年より突然迫害政策に転じます。ここには、崩壊へと向かうローマ帝国の危機に対処する意図が見られます。つまり、社会的、政治的には崩壊を押しとどめられないと見ると、皇帝礼拝を通して宗教的な紐帯を引き締める政策以外に有効な手立てはなかったのです。

303年2月25日には、ニコメディアの中央教会の破壊が起こります。2月26日には、ディオクレティアヌスによる迫害第一勅令発布されました。この勅令によって、①全帝国の教会の破壊②聖書の焼却　③高位公職にあるキリスト教徒の追放　④一般信徒への法律の保護停止。信者の奴隷解放の禁止等の政策が実行されることになります。滅び行く大ローマの幻影を胸に、皇帝は、キリスト教徒を殲滅させる意図をもって激しく迫害するようになります。結局、ディオクレティアヌス帝の迫害は、311年のガレリウスの寛容令まで続くことになります。

2～3世紀の多くの教父たちは、迫害下を生き抜いた教父です。彼らの著作の多くは、迫害の只中で書かれました。リヨンのエイレナイオスは、迫害の嵐が過ぎ去ったリヨンに戻った時、司教の殉教を知り、自分が司教職を受け継ぐ決意を与えられます。先のキプリアヌスは、『忍耐について』という著作の中で、迫害下に生きるクリスチャンの信仰と忍耐を描きました。オリゲネスは、父レオニデスの殉教を見て、自分もまた殉教者となることを夢見ました。

教父の神学思想は、机上の理論ではありません。伝道と教会形成のあらゆる営みと結びつく形で結実した言葉の集成なのです。これは、4世紀初頭のキリスト教公認以後の教父たちにもあてはまります。キリスト教は、コンスタンティヌス大帝の発布した313年のミラノ勅令によって、事実上公認されます。しかし、この出来事が、ただちに教会に平和と秩序をもたらしたわけではありません。むしろ、その後の4世紀から5世紀にかけて、公認されたキリスト教会内部での論争と抗争が激化します。

何が正統のキリスト教であり、ローマの宗教にふさわしいかという神学的な問いが、ローマ帝国の教会の担い手は誰かという問いと結びつき、正統と異端の激しいつばぜり合いが生じます。このような論争と闘争は、キリスト教の宿命のようなものですが、教父たちは、その中で、キリスト教信仰の真理性と普遍性を弁証することを継続しました。318年から始まる**アレイオス論**

争や4世紀半ばから後半にかけての**キリストの両性**をめぐる論争は、迫害の時代に劣らず、教父たちを精神的かつ物理的な危機状態へと陥れたのです。

したがって、教父思想は、静的で瞑想的なな静寂主義と考えることは大きな間違いです。もちろん、教父の中には、修道の瞑想の中で、神秘的な体験や思索に至りつく者も少なくありませんでした。

しかし、大部分の教父は、迫害の嵐の只中にいました。キリスト教公認後も、正統と異端の論争と権力闘争に巻き込まれていきます。同胞の裏切り、正統信仰を語りながら、行いにおいては虚偽でしかない人々、無数の人間の不法行為と残虐行為の中で生き抜いたのです。そこで、古代教父の大きな関心事には、**悪の問題、真実の霊と偽りの霊の識別の問題**がありました。さらには、真実の信仰のために、生命を賭けて戦う姿勢が見られます。それは、福音を受け入れずに、それを退ける人々との熾烈な戦いです。これについては、章を改めて詳述することにしましょう。

ギリシア教父とラテン教父

ここでは、まず教父が生きた時代の言語状況ついて概観しましょう。次ページの**地図**をみてください。4世紀すなわちキリスト教が公認された時代の古代地中海世界の地図です。この地図か

記号
教会の主要中心地
総主教座
ラテン語／ギリシア語境界
帝国の境界
宣教の攻勢
マティア
ボスフォロス
クリミア
トビリシ
ティテュオス
グルジア
ダキア
セヴァストポリ
ヴァラルシャバト
黒海
コンスタンティノポリス
カルケドン
シノペ
アルメニア
サラサ
ニコメディア
パフラゴニア
ポントゥス
ネオカイサリア
モエシア
ドナウ河
ニュッサ
セバステ
アンキュラ
カパドキア
サモサタ
ニシビス
サルディカ
トラキア
ペルシア
アルベラ
フィリピ
ビテュニア
ナジアンゾス
カイサリア
マケドニア
ガラティア
エデッサ
ニカイア
テサロニケ
フリュギア
ランプサコス
タルソス
メソポタミア
エデッサ
ヒエロポリス
アンティオキア
ドウラ
セレウキア＝
クテシフォン
イコニオン
アンティオキア
スミルナ
サルディス
ギリシア
キリキア
セレウキア
ラオディキア
エフェソス
トラレス
パルミュラ
サラミス
アテネ
シリア
トリポリ
コリント
パトモス
レバノン
ベリュトス
ラケダイモン
キプロス
テュロス
ダマスコ
クレタ
サマリア
カイサリア
エルサレム
リュダ
地中海
ガザ
ツムイス
キュレネ
アレクサンドリア
アラビア
スケティス
ナイル河
プトレマイス
リビア
メンフィス
紅海
キュレナイカ
マルマリカ
エジプト
リュコポリス
タベンニシ

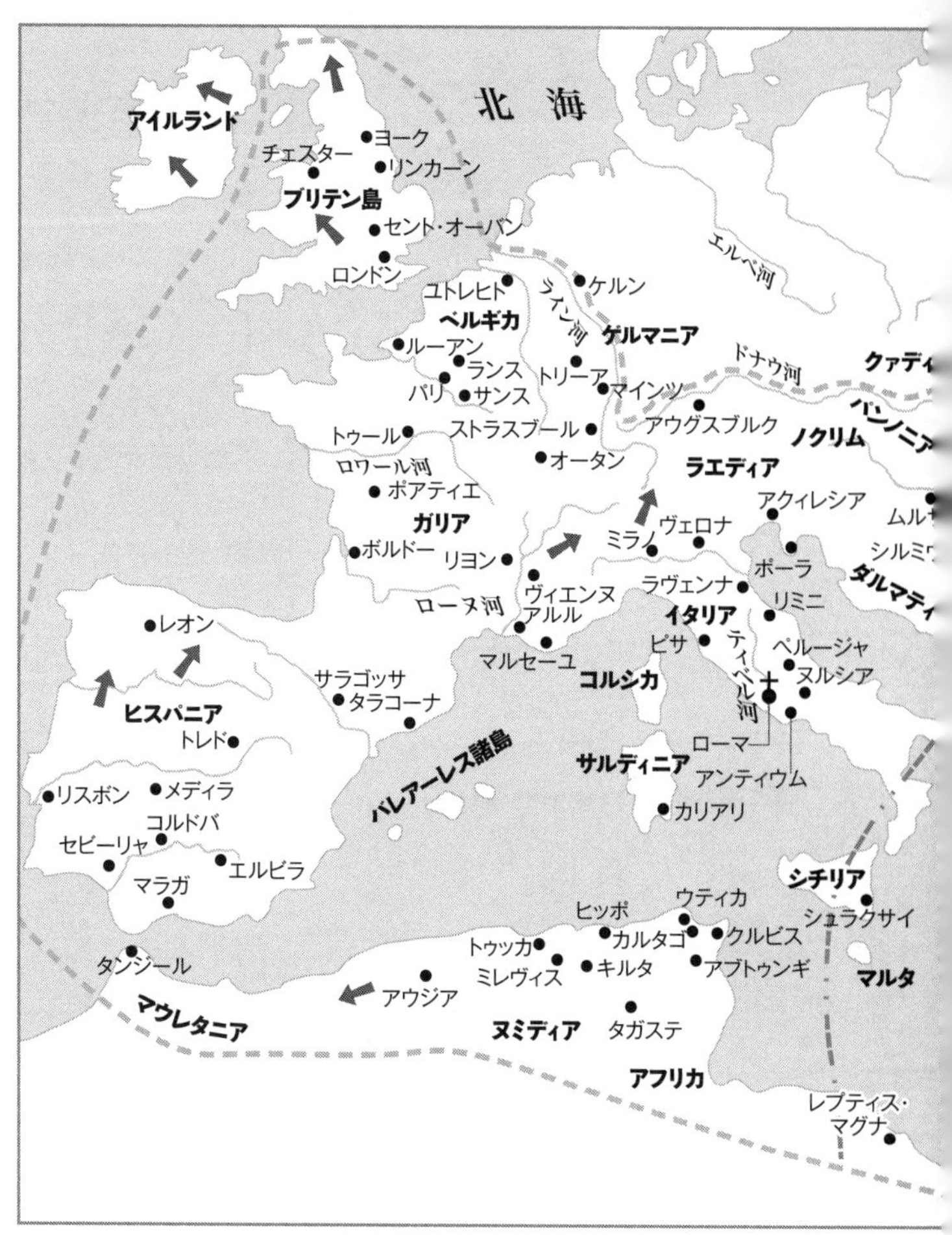

4世紀のローマ帝国と教会

ら、主イエスの時代から約300年余りで、キリスト教がいかに広汎な地中海世界に教会を建て、伝道拠点を設立していったかがわかります。この地図で重要なのは、「**ラテン語／ギリシア語境界線**」を記した点線です。北アフリカのレプティス・マグナの西から、シチリア島を横断し、ギリシアのペロポネソス半島を通って、黒海西側に抜ける点線です。この点線の右手側（東側）がギリシア語圏、左手側（西側）がラテン語圏となっています。

古代教父は、この点線の東と西で、ギリシア語で著作したギリシア教父とラテン語で著作したラテン教父に分けることができます。例えば、アレクサンドリアで活躍したオリゲネスやクレメンス、アタナシオスはギリシア教父です。さらに四世紀後半のカッパドキアの教父も、ギリシア教父になります。有名なアウグスティヌスは、点線の西側、北アフリカで生まれ、カルタゴやローマ、ミラノで生活し、生涯の最後には北アフリカのヒッポの司教になりましたから、ラテン教父です。ミラノのアンブロシウスもまたラテン教父です。3世紀初頭の教父テルトゥリアヌスもカルタゴ出身ですからラテン教父に分類できます。

古代教会史の知識のある方は、「では、弁証家ユスティノスはどうですか」と問うかもしれません。確かにユスティノスはローマで活動し、その地で殉教しましたから、ラテン教父のようにも思えます。しかし、ユスティノスは、フラウィア・ネアポリス（現在のイスラエル中部のサマリアのナブロス）で生まれ、小アジアのエフェソスを遍歴して、最後にローマにやってきますので、ギリシア語で著作をしました。リヨン（ルグドゥヌム）のエイレナイオスも同じです。小アジアの出身ですが、当時のガリアの中心地リヨンで活動しました。小アジアは、主にギリシア語が用いられていました。

古代教父には、ギリシア語、ラテン語以外にも、シリア語、アルメニア語、グルジア（ジョージア）語など、多様な言語で著作をした教父が含まれています。しかし、大部分の教父は、ギリシア語かラテン語で著作活動を行ったので、ギリシア教父、ラテン教父という名称でおおまかに分類しています。

教父の生きた歴史の背景

教父の生きた歴史の背景は、多様です。すでに概観したように、四世紀初頭、コンスタンティヌス大帝がキリスト教を公認するまでは、キリスト教は迫害されていました。迫害が本格化したのは、3世紀半ば、ローマ帝国が衰退を見せ始めた時代と考えられています。デキウスやウァレリアヌス、そして303年から311年まで、組織的かつ残忍な迫害を行ったディオクレティアヌスまで、キリスト教は公認される直前まで、迫害の対象となっていました。

このために、教父の中には、迫害下に活動した人物もいれば、キリスト教が国教となってからの教父もいます。例えば、使徒教父に分類されるアンティオケのイグナティオスは、ローマの官憲に逮捕され、ローマへと護送される最中に、黙示録のように、7つの教会に宛てて書簡を書きました。それが、貴重な文書として残されています。また、カルタゴの司教となったキプリアヌスは、初期のラテン教父の代表ですが、3世紀半ばのキリスト教迫害の嵐の中で殉教しました。キプリアヌスは**「殉教者キプリアヌス」**として古代地中海世界で、その著作だけではなく、その生きざまが褒めたたえられました。同じラテン教父のテルトゥリアヌスやアウグスティヌスは、キプリアヌスの著作に親しんでいたことがわかっています。3世紀初頭の代表的な教父、テルトゥリアヌス（ラテン教父）やエイレナイオス（ギリシア教父）もまた迫害下を生き延びて旺盛な著作活動をした教父たちです。エイレナイオスは、ルグドゥヌム（現在のフランスのリヨン）の司教となりますが、司教になった理由は、177年のリヨンの大迫害で、司教が殉教したために、後任として司教に叙階されたからです。このように、1世紀末から3世紀末の教父たちは、ほぼ例外なく迫害と中傷、批判の嵐に直面しています。その中で、キリスト教の普遍性や真理性を弁証することが、大きな課題となったのは当然のことでした。

迫害下を生きた教父に対して、4世紀のニカイアの教父たちは、すでにキリスト教が国家公認の宗教となった時代に生きて、著作活動を行いました。迫害が止めば、さぞ平和になったのではないかと想像しますが、事実はまったく違いました。むしろ、公認されたキリスト教会内部で**正統と異端**をめぐる論争が起こります。３１８年から始まるアレイオス論争は有名です。アレクサンドリアの司教**アタナシオス**と同じアレクサンドリアのバウカリスの司祭であった**アレイオス**との間で激しい論争が起こります。この時代の神学論争とは、権力闘争を伴っていたので、時には激しい物理的な暴力を伴う抗争へと発展しました。論争にあけくれながらも、両陣営の教父たちは、著作や書簡を残しました。これらについては、**第10章**（キリスト教公認と教父）で詳述しますが、ここで知っておきたいことは、**教父思想**は、教父たちの学問的な作業の結実というよりも、**キリスト教の伝道、弁証、論争、戦いの結果生み出されてきた書物**だということです。後に、正統と異端の教父が分別され、異端とされた教父の著作は、結局は写本として継承されることが少なかったために、歴史から姿を消したことも事実です。先のアレイオスの著作もそうです。オリゲネスもまた、異端の烙印を押されたために彼の膨大な著作は、一部を除いて失われました。

しかし、異端と呼ばれた教父の思想のかなりの部分は、正統教父の論駁書や弁証書から再構成されることも事実です。

教父についての学問は、歴史を生きた正統教父たちの思想を整理し、組織的に解説する作業となりますが、同時に異端として排斥された教父たちの思想を再構成し、再評価したりする作業も含まれます。古代ギリシア教父とラテン教父の著作は、現代では、原典の全集、著作集とともに、膨大な文献そのものを整理し解説するという「**教父学** Patrology」という学問を生み出しています。残念ながら、広く知られたQuasten（カステン）やAltaner（アルターナ）のPatrology（教父学）の邦訳はまだありませんが、ニカイア会議以降の教父についての概説と新しい文献を紹介した、Young, From Nicaea to Chalcedon ヤング『ニカイアからカルケドンまで』（２０２３年、関川・本城訳で出版予定）のような書物は、邦訳されています。初学者は、これらを参照しつつ、さらに教父の個別的な研究に赴くと良いでしょう。同時に、教父が生きた時代の歴史的背景を、ローマ帝国とその属州の支配や文化、言語という鳥瞰的な観点とともに、地域ごとの個別的な歴史背景を探索することが有益です。

教父と哲学思想

教父が活動を始めるはるか以前から、ギリシア、小アジアなどには、長い哲学の伝統がありました。イオニア学派、エピクロス学派、ストア学派に始まり、アテナイのソクラテス、プラトン、アリストテレス、１世紀の中期プラトン主義、３世紀の新プラトン主義などです。教父たちは、自分が生きた時代の哲学的な伝統や吸収した哲学思想の影響を受けました。

例えば、2世紀半ばの教父ユスティノスは、キリスト教信仰と哲学が相反するとは考えず、ともにロゴスに参与して、真理探究の道を歩む限り、同じ知的な営みであると考えました。150年頃に書かれた『**第一弁明**』には、ロゴスに与って真理探究したソクラテスもまたキリスト者であるという有名な言葉が出てきます。また、3世紀の教父アレクサンドリアのオリゲネスやクレメンスは、ギリシア哲学の伝統にも精通し、それらを用いながら、思索を展開しました。しかし、彼らの基本的な姿勢は、哲学を用いることがあっても、それに額(ぬか)ずくことはしないというものでした。

さらにアウグスティヌスは、北アフリカからローマ、ミラノと歩みを進め、その中で、新アカデミア派の懐疑論的な哲学に最初ふれますが、やがて、新プラントン派の哲学、おそらくはラテン語に訳されたプロティノスの著作『**エネアデス**』を介して、キリスト教に接近していきます。

個々の教父に影響を与えた哲学的伝統には相違がありましたが、教父という古代の知識人たちの視野から、哲学は消えることはありませんでした。ただし、わたしたちが知っておくべきことは、すでに教父の時代までに、古代のイオニアやギリシアから始まる哲学的な思索は、数百年に及ぶ歴史を持ち、職業的な哲学者も存在し、広く深い哲学的な議論が交わされていたという点です。古代末期を経て中世を経験することで、キリスト教哲学が広汎で深みのある業績を生み出してきたのとは違い、古代の教父たちの哲学思想は、哲学を自家薬籠中（完全に身についた思索や思いのままに操あやつることのできる考え。）のものとするまでには至っていなかったのです。

さらには、福音伝道に命をかけてまで邁進する教父たちの中には、テルトゥリアヌスのように、哲学をむしろ敵視し、アテナイとエルサレムは何の関係もないと一刀両断する立場を継承する者たちもいました。

かくして、教父と哲学の関係は、必ずしも一様ではなく、個々の教父の思想や著作をそれぞれ分析して、両者の微妙で複雑な関係を分析する必要があるのです。12章では、教父の神化論（テオーシス論）をめぐって、古代ギリシアの哲学者、新プラトン主義者、そして4世紀の教父にどのような思想の変遷と相違があったかを考察するので、教父と哲学の関係のケーススタディとして読んでくだされればと思います。

第4章　初期の教父――使徒教父と弁証家

まず、**キリスト教草創期**に登場した教父についてお話ししましょう。使徒教父と弁証家と呼ばれる二つの教父のカテゴリーが1世紀末から2世紀にかけて存在しました。

使徒教父とは、新約聖書諸文書と弁証家など本格的な著作を行った教父たちとの中間時代に（但し、新約聖書のうち比較的後期に成立した諸文書と教父文書のうち初期に成立した諸文書と一部重なる時代）活動した複数の教父を指します。彼らは、後にキリスト教の正統的な立場を何らかの意味で代表していたと考えられるようになり、著作の多くが伝統的にも時代的にも思想的にも新約聖書に次ぐ重要なものとみなされるようになります。これらの諸文書を「**使徒教父**」ないしは「**使徒教父文書**」と呼んでいます。

90～150年頃に書かれた『**クレメンスの第一の手紙**』『**ディオグネートスへの手紙**』『**ディダケー（十二使徒の教訓）**』『**イグナティオスの手紙**』『**ポリュカルポスの手紙**』『**バルナバの手紙**』

『ヘルマスの牧者』『クレメンスの第二の手紙』等があります。新約聖書の諸文書と成立年代において重なるものがあるだけでなく、内容においても類似性や並行性があることが注目されます。例えば、**牧会書簡**（テモテやテトス）と『ポリュカルポスの手紙』には、用語法や職制理解で類似性があります。また**ヤコブの手紙**と『ヘルマスの牧者』には、律法理解に共通性見られます。また牧会書簡やエフェソ、コロサイ書と『ディダケー』『バルナバの手紙』には、「**二つの道**」や徳目表、**悪徳表**が掲げられており、一定の類似が認められます。つまり、新約聖書正典が結集される以前に、諸伝承、口伝伝承が流布している時代に、**新約聖書の諸文書と使徒教父文書**は、平行しながら編集、執筆されていたと考えることができるでしょう。エルサレムで処刑され、死んで復活したイエスという人物をキリストとして宣教する姿勢を共有していたと言えます。

使徒教父文書は、「使徒」の名を冠していますが、直接「使徒性」を掲げてはいませんし（『ディダケー』は例外）、文学形式も正典を補足する傾向をもっているわけではありません。しかし、教会では、「**正典**」に次ぐ地位を与えられ、時に新約聖書正典と同等ないしは類似の位置に置かれてきたのも、このような両者の共通の宣教の姿勢によると思われます。邦訳は、『使徒教父文書』（聖書の世界別巻４新約Ⅱ、講談社１９７４年、１９８０年、現在、講談社文芸文庫版で入手可）を参照してください。

（1）使徒教父文書が証言する初期キリスト教の有様

使徒教父文書は、それらが書かれた1～2世紀にかけてのキリスト教会の教理や礼拝の様子などを証言しています。例えば、使徒教父文書には、三位一体論の萌芽が見られます。三位一体についての教えは、4世紀のニカイア信条などで確立しますが、すでに2世紀には、その萌芽とも言える定式化された言葉が用いられていたことがわかります。例えば『イグナティオスの手紙――エペソのキリスト者へ』には、三位一体定式が三度出てきます。具体的には「私たちの神イエス・キリストは神の摂理によってマリヤよりはらまれ、ダビデの家系から出、同時に聖霊に由来するもの、彼は生まれ、洗礼を受けたのですが、それは受難によって水を潔めるためだったのです」というような一節です。

さらに、初期のキリスト教会の洗礼式や聖餐などの慣習を伝える文章も見られます。『ディダケー』七、九）を見ると、「洗礼については、次のように洗礼を授けなさい。上に述べたことをあらかじめ述べた上で、流れる水によって、父と子と聖霊の名をもって洗礼を授けなさい。流れる水がない場合には、他の水で洗礼を授けなさい。冷たい水でできない場合には、温かい水でなさい。どちらの水もない場合には、頭に水を三度、父と子と聖霊の名をもって注ぎなさい……」(七)と書かれています。

次に「聖餐については、次にように感謝しなさい。最初に杯について。『わたしたちの父よ。あなたがあなたの僕(しもべ)イエスを通してわたしたちに明らかにされた生命と知識とについて、あなたに感謝します。あなたに栄光が永遠に(ありますように)。パンについて。……』」(九)と記述されています。

このように1世紀末から2世紀前半の初代教会における洗礼や聖餐の実践や教えを伝える最古の貴重な記述が、使徒教父文書には見られます。いずれも、現代の教会まで受け継がれた教会の慣習となっているものです。

さらに使徒教父文書は、初期の教会の職制(order)を証言します。職制とは、目に見える教会が形成した制度のことです。各地で、また時代の変遷とともに、どのような教会統治(polity)の仕組みを形成していたかが、使徒教父文書を通して知られます。

もちろん、残存する資料から、初期キリスト教における職制の成立と展開を正確に跡づけることには限界があります。地域ごとの多様性や形態、名称にはかなりの幅があったと推量されます。しかし、一定程度、職制の存在を跡付けることができます。

まず、初期の教会は、一人の指導者によってではなく、責任ある人々の一団によって統治されていました。使徒言行録11：30、21：18は、パレスチナの諸教会では、これらの人々が「長老」と呼ばれていたことを証言しています。ユダヤ教は、この長老団による集団指導体制をとっていました。かつて、ユダヤ教徒であったキリスト教徒たちが、この秩序を受け継いだことは想像に難くありません。

しかし、パウロとパウロの伝道地では、事情は異なっていました。パウロは、伝道地に、特別な権威を担う代表を置いたと考えられます。パウロは、これらの人々を長老とは呼ばずに、様々な呼称で呼びました。そのうちのいくつかは互換的に、「労苦してきた人々」「一緒に働いてきた人々」（Ⅰコリント16：16）、「指導者」（Ⅰテサロニケ5：12、ローマ12：8）と呼び、他方で異なったつとめを持つ使徒、預言者、教師を区別しています（Ⅰコリント12：28）。おそらくパウロにあっては、職制についての単一な概念は未だなく、ただ教会内の職務、立場、機能の呼称が存在するのみであったと推測されます。特別な職務を代表する人々は、法と組織の権威に基づいて職務を遂行したのではなく、奉仕（ディアコニア）として理解されていました（ローマ12：7、Ⅰコリント3：5、12：5、Ⅱコリント1：24、5：18、マルコ10：42～45、マタイ23：1～12）。

かくして、初期キリスト教には、ユダヤ教を起源とする長老による統治とパウロの教会に見られた監督制的形態とが併存していました。両者とも集団統治的構造を持つ点では変わりがありません。複数の長老や指導者たちが存在して共同体を指導・監督したのです。この世界が、やがて終末を迎え、その時には制度や組織は、相対的な意義しかもたなくなるという初期の期待が潰えると、2世紀初頭すなわち、使徒教父の時代に新しい心性と新しい必要が生まれることになりました。すなわち、終末を待ち望む世界と歴史において、教会は長期にわたり、自らを組織して、歴史を生き抜く決意をすることでした。指導者たちの自発的つとめや奉仕は、やがて教会の職務となって、サクラメンタルな意味を帯びるようになっていきます。職務として指導者の役割が整うと、教理と訓練の問題では、その役割は、使徒に由来する全権を伴ったものと理解されるようになります。また教職者は叙階によって、おごそかにその職務に任命されるようになります。教職者は、教理の擁護者であり、福音を伝達してきた人々の連鎖のうちにあって、伝統の担い手と考えられるようになります（Ⅰクレメンス、Ⅰ、Ⅱテモテ、テトス）。このような考えは、制度的かつ法的な方法で整えられ、キリスト教の同一性をまもるためのものとなりますが、後に「異端」と呼ばれる異なる教えを主張する人々や教会が出現すると、加速されて拡大していきます。

初期キリスト教が、組織化、制度化、さらに教会法と職制のサクラメンタルな概念を形成する方向に進んだことは、教父の時代における教会史の新しい現象でありました。歴史神学でいうところの、「**初期カトリシズムの成立**」を意味します（詳しくは、ブロックス『古代教会史』113〜114頁を参照してください）。

（2）弁証家の活動

弁証家とは誰か

弁証家 Apologists, Apologeten とは、2世紀半ばから3世紀初頭にかけて、異教の立場からの本格的なキリスト教論駁に答えるために、著作活動を行った教父たちの総称です。キリスト教が徐々に拡大する2世紀半ばから、伝統的なギリシア・ローマの文化の中に生きていた教養人からの攻撃をキリスト教は被ることになります。異教徒の中には、著作を通して、キリスト教批判を試みる者も出てきます。その代表的なものが、**ルキアノス**の『ペレグリヌスの死』や**ケルソス**の『真理の言葉』（178年頃）でありました。この時代は、先に見たように、まだ国家的規模での組織的なキリスト教徒迫害は起こらなかったものの、散発的な迫害や中傷・誹謗は、キリスト教徒に頻繁に向けられていました。

このような古代ローマ社会の中で、キリスト教会の伝道は進展していき、多くの地域に新しい信者を獲得していきました。弁証家の著作は、キリスト教に対する知的な批判に答えて、キリスト教の教えや信仰の正当性を弁証する試みでした。その試みの中で、当然のことですが、ギリシア・ローマの文化との折衝が起こります。もちろん、キリスト教信仰に生きた弁証家たちは、ローマ社会や文化と完全に同一化することはありませんでした。さりとて、対決ないしは社会に対する革命の主唱ともならなかったことも事実です。彼らは、自分たちが属する信仰共同体すなわち教会とその周縁の外的な世界との特別な関係を前提としながら、説得的かつ忍耐深く弁証を展開していきます。（弁証家についての参考文献は、R. M.Grant, Greek Apologists of the Second Century, 1988. を参照）。

代表的な弁証家として、以下のような著作家を挙げることができます。

アリスティデス↓140年頃皇帝アントニヌス・ピウスに対して、弁証の書を呈す。

ペラのアリストン↓「キリストについてのヤソンとパピスコスの対話」を書く。

これは、ユダヤ人に対してキリスト教を弁証した最初の書物

ユスティノス↓163～167年頃殉教したと伝えられる。最大の弁証家。

「第一弁明」「第二弁明」「ユダヤ人トリュフォンとの対話」などを書く。

タティアノス↓アッシリア生まれ。150年頃ローマに出て回心。ユスティノスの弟子。ユスティノス殉教後、学校を開く。後に東方に帰りグノーシス主義的キリスト教の一派をたてた。

アテナゴラス↓二世紀後半、アテナイに住んでいたキリスト教哲学者「ディアテッサロン」「ギリシア人のための説話」を書く。

アンティオケの**テオフィロス**↓アンティオケの6代目の司教。「キリスト者のための請願書」「死者の復活について」を書く。「異教の友、アウトリュウコスへ」(180年頃)を書く。ユスティノスのロゴス論を継承し、さらにヨハネ福音書1章に基づいて展開した。

弁証家たちの教理的な特色——ロゴス・キリスト論

弁証家たちは、ユダヤ教以来の唯一神論的な伝統に立ちながら、子なるキリストと父なる神との関係を満足できる仕方で説明しようと様々に試みました。このことは、初期の教父の共通の神学的課題となります。その理由は、神が唯一であるのに、なぜ神と等しく御子イエス・キリストを礼拝し、讃美するのかという点を、明確に説明し、弁証する必要があったからです。古代のキリスト教徒は、御父と御子キリストの時間に先立つ一致、並びに時空における御子の受肉の現実性の両方を明らかにすることが求められたのです。弁証家ユスティノスは、この課題を解決するために、ヨハネ福音書に見られ（ユスティノス自身は、ヨハネによる福音書を直接に引用はしていませんが）、古代ギリシア哲学でも論じられたロゴス論を用いました。ロゴス概念をキリストと重ねることによって、**「ロゴス・キリスト論」**を展開しました。ロゴス・キリスト論は、御子が御父のもとから時空に派遣されたにもかかわらず、永遠性を失うことはないと考えることで、受肉と救済の秘義を合理的に説明する試みでした。言い換えれば、キリスト論の問題をロゴスの先在という概念を用いることで、より一層説得的に説明する営みでした。

ユスティノスは、キリスト教を**「唯一の確実で有益な哲学」**と名付け、キリストの本質を哲学的な世界とロゴスと同一視しました。「ロゴスとともに生きた人々はすべて」、つまりソクラテスのようなキリスト以前の哲学者であった人々も、キリスト者であったと言います（『第一弁明』46・3、『第二弁明』8・1）。こういう言葉が、最初期の教父から出てくることは驚きです。ユスティノスは、迫害下の教父でしたが、キリスト教の正当性を、その起源の古代性と普遍性に基礎づけようとしたことがわかります。キリスト教は、決して珍奇な新興の宗教ではなくて、ギリシアの宗教や哲学ほどにも古く、信頼に足るものであり、その根拠は、受肉したロゴスの永遠性にあると考えました。このような弁証の方法は、現代人にはいかにもこじつけのようにも聞こえるかもしれません。しかし、よくよく考えてみると、受肉したロゴスが、時空を超えて永遠であるゆえに、古代ギリシアにも、旧約の時代にも実在し、その都度、人々に働きかけ、決定的な救済の出来事つまり**ロゴスの受肉**が、神の御子イエス・キリストの誕生によって起こったと考えることは、新約聖書の証言を受け取った初代のキリスト教徒にとっては、当然のことでありました。現代の教理史家バイシュラークによれば、ユスティノスは、「キリスト教の真理問題を『理性と啓示』に関する普遍的な問題の中に包含した」（バイシュラーク『キリスト教教義史概説上』、169頁）のです。言い換えれば、ここから神学の歴史が始まったのです。

教理の歴史におけるユスティノスの貢献は、きわめて大きなものでした。彼は、全被造物に先立つことを意味する「**先在 pre-existence**」のキリストの真の神性という思想を神学的な営みの中心に置きました。ユスティノス以後の教父たちは、ほぼ例外なくロゴス・キリスト論を継承していきます。オリゲネス然り、アタナシオス然り、アレクサンドリアのキュリロス然りです。ユスティノスは、思弁的なロゴスの存在を、歴史的（そして高挙された）「御子」キリストの存在と同一にとらえることによって、歴史的・人格的存在を超越的な父の存在との関係の中で「**独立した第二の神**」としてキリストを理解するようになっていきます。この事実は、後の教理形成に画期的な意義を持ちました。

ロゴス概念をキリスト教神学に導入することで、キリスト教のヘレニズム化が起こったという指摘は、19世紀から20世紀前半にかけて、アドルフ・フォン・ハルナック（Karl Gustav Adolf Harnack, 1851 - 1930）らによってなされました。**福音のギリシア化**という問題です。確かに、ヘレニズム文化の中に、福音が伝播すると、それをヘレニズム文化のコンテキストで理解し、解釈することが行われました。これは自然な成り行きでしょう。しかし、仔細に見ると、ユスティノスは、ただ単にヘレニズム文化や哲学に福音の核心部分を明け渡したわけではなく、むしろ福音の内容を伝達し、適切に説明する方途を探索したことが分かります。

ユスティノスの思索の出発点には、キリスト教の宣教・伝道の強い意図があるのです。キリスト教徒たちは、十字架上で苦しんだイエスをメシアとして宣教し、罪の赦しと死の克服と救済をもたらす、神的な存在として礼拝の対象としました。実際、ユスティノス自身が次のように述べています。


なぜなら、私共は生まれなきかた、言葉で言い表すことのできない神から生まれたロゴスを、神に次ぐ者として拝し愛するからです。それはロゴスが、私共のような者のためにさえ人となり、私共の苦しみの様をも共有することによって、さらにそれを廃してくださるという理由によるのです。（『第二弁明』13・4）

しかし、このような初期キリスト教の宣教の内容は、神の不受苦性というヘレニズム的な神理解との相克という緊張を生み出します。そこで、ユスティノスは、万物を創造したロゴスが、被造物全体を包含する救済史に働きかけ、自己啓示すると考えることによって、ロゴスの受苦もまた、救済史の一貫であって、神性の痛みや苦悩としてだけ理解されるべきではないと主張していくのです。

つまり、先在のロゴスは、救済史の創造と保持と完成において働き、永遠から永遠にわたるまで、一貫して救済史を導くと信じられました。この信念の中で、ロゴスの受肉と受苦が位置づけられたのです。

したがって、ユスティノスの神学は、その本質において救済史の神学であったと言えます。ヘブル書1章1～3節によれば、神はすべての人々に様々な仕方で（預言者を通して、……最後に御子を通して）語りかけられます。神は御子によって創造し、ロゴスによって世界を一つの秩序のうちに保持するのです。そこでカトリックの教理史家シュトゥッダーは、次のように論評しています。

ユスティノスは、ヘブル書の歴史的なパースペクティブをイスラエルの歴史から普遍的（世界）歴史へと拡大した。また、他方でユスティノスと他の弁証家たちは、キリストとロゴスをさらに厳密で一貫した仕方で同一視した。（Basil Studer,Trinity and Incarnation, p45）

第5章　初期の教父たちが戦った宗教運動

――グノーシス主義、マルキオン、モンタノス主義

初期の教父たちは、自分たちの周縁にあって類似した宗教思想や運動と戦わざるを得ませんでした。聖書が語る福音を明確に伝達しようとすればするほど、異なる教えの論駁が避けられなくなるからです。この章で扱う**グノーシス主義**、**マルキオン**、**モンタノス主義**は、いずれも、キリスト教信仰と教会を脅かす要素を多分に含む宗教運動でした。それらを概観するとともに、教父たちが、信仰の規範となる聖書正典の結集の思想をどのように形成していったかも合わせて見ることにしましょう。

(1) グノーシス主義

グノーシス主義とは、キリスト教史の初期の時代(特に2世紀)に全盛期を迎える宗教運動の名称です。この運動は、神の知(ギリシア語でグノーシス)および人間の本性と運命の知を重視し、そこに基礎を置くものでありました。人間の本性と運命そして神についての知は、人間の魂を宇宙の諸力の支配から解放し、悪しき物質世界から人間を救いだし、宇宙についての真の認識に到達させるものと考えられました。

グノーシス主義は、古代の宇宙像へのアンチテーゼとして理解することができます。古代ローマ帝国時代の宇宙像は、プトレマイオス天文学の基本に観察されるように「同心球構造」をもっており、神・第八の恒星天・七つの遊星天・月下界・偶然と無常の支配する地上に区分され、上から神・星辰世界・月下界・地上世界という階層をなしていました。そのうち神・星辰界・月下界は、神的領域(魂の故郷)を構成します。神のいる英知界から離れれば離れるほど、神的影響力は減退していくと考えられました。

このような世界像に対して、グノーシス主義は星辰世界をも悪魔視し、人間の「自己」は、身体、地上世界のみならず、星辰界にも敵対していると主張しました。このように古代の宇宙像を全面否定しながら、独自の宇宙像や人間観、救済論を持つところにグノーシス主義の特色があります。

以下グノーシス主義の思想の特色を、大貫隆氏の『グノーシスの神話』に基づいて、いくつか列挙してみましょう。

①極端な反宇宙論的な二元論。光と闇という二つの原理の対立によって、世界の諸事象を説明する。

②知られていない超越的な真の神と造物神（デミウルゴス・アルダバオート）とを区別する。そして造物神は、過誤から可視的世界を創造し、その世界は神的領域から断絶された悪の領域と考えられる（但し文書によって悪の度合いは異なる）。超越的な真の神は、「存在しない神」であり、人間の言語や表現を越えていて、否定的言辞でしか言表されえない存在（一種の否定神学）。この神が、多様な仕方で流出していく。そして造物神も生み出され、可視的世界を創造する。

③人間は、その本性上、神的な存在に本質的に近いものであり、天的な光の火花が物質世界に閉じこめられたものであると考えられる。人間は、「人間」という名の神が、自分の姿、

つまり人間の姿を造物神の前にあらわし、造物神はそれを見て、配下の諸力（アルコーン）を集めて、その形に従って人間を創造し、彼らに現れた人間をその中に閉じこめようとする。

④人間の現在の状態とそこからの解放への熱望を説明する多様な神話を持つ。

⑤人間の救いは、物質に幽閉された神的本性が、そこから解放されることによってもたらされる。

グノーシス主義の発祥や起源については、はっきりはわかっていませんが、キリスト教の起源とほぼ同じ時期のユダヤ教の周縁にあったと考えられています。その理由は、**ナグ・ハマディ文書**（邦訳あり）中に、『アダムの黙示録』『ヨハネのアポクリュフォン』『この世の起源について』などキリスト教的な要素をほとんど含まないか、含んでいても本質的ではなく、旧約聖書とユダヤ教に対する価値転倒的な解釈（例えば創世記の人間の創造のパロディ的解釈）が、ユダヤ教に通じた作者と読者を前提にしないと説明できないものがあること、さらに、マンダ教などクムラン教団との平行性を明らかに認められるものあることなどによります（大貫隆『グノーシスの神話』28頁参照）。

さて、キリスト教グノーシスの先駆として、使徒言行録にも出てくる魔術師シモンやケリントスというような人物を考えることができます。しかし、一定の体系を持ったグノーシス主義として、2世紀半ばのバルベーロー・グノーシス主義やセツ派、オフィス派などを挙げることができます。

①バルベーロー・グノーシス主義　神話中にバルベーロー（意味不明）という神的存在を前提とする。『ヨハネのアポクリュフォン』

②セツ派　アダムの第三子セツの子孫と自己認識する集団。『ヨハネのアポクリュフォン』『エジプト人の福音』『アダムの黙示録』『アルコーンの本質』『セツの三つの柱』

③オフィス派　ギリシア語でオフィス（蛇）がこの派の思想では救済論上重要な役割を果たす。但し、ナグ・ハマディ文書では、創世記3章の蛇は、すべて積極的役割を担っているというわけでもない。

2世紀半ばから、ある種の思想体系を持ったグノーシス主義が生まれ、信奉者を獲得していきます。**バシリデース**や**ヴァレンティノス**がそれらの代表です。とりわけ、ヴァレンティノスは、キリスト教グノーシス主義者のリーダーであり、正統教会にとっては、彼の率いる一派はグノーシス派の最大の異端とみなされました。弟子に**プトレマイオス**、**マルコス**などがいました。彼らは、神々が充満する領域（プレローマ）、その下に中間界、さらに最下位の物質と暗黒の闇の世界を想定し、すべては上位のものが下位のものを流出するという原理から説明しました。さらに、**マニ教**も古代グノーシス主義の集大成と呼べるでしょう。マニ教はナグ・ハマディ文書に見られる「シリア・エジプト型」の神話とは基本的に異なる神話を持ち、善と悪の二元的対立という**ゾロアスター教**の世界観に基づく宗教思想を持っていました。このゾロアスター教の基本構造にマンダ教、ユダヤ教、ギリシア神話、オリエント諸宗教のモチーフや神話が摂取され、独特の体系を形成したと考えられています。

　彼らは都市に独自の宗教集団を組織し、洗礼や聖餐、塗油等一定の儀礼を行っていたと考えられています。特に水による洗礼は、広くグノーシス集団に一般化していました。また正統教父たちは、時にグノーシス集団の淫行を記録していますが、実際には彼らは一種の禁欲生活をも実践していたのではないかと推測されています。そして、古代末期の都市の知識人層を主要な担い手として、ラディカルな古代の宇宙像批判から、一定の政治的・社会的プロテストを思想に内包するという特色も持っていました。このようなグノーシス主義の側面は、現代の思想家、宗教家を魅了することも事実です。現代のキリスト教会の中にも、グノーシス主義に多くの真理契機を認める人々が存在します。

しかしながら、古代教父たちは、これらグノーシス主義の宗教思想と激しい戦いを繰り広げたことを忘れてはなりません。4世紀にキリスト教の正統が確立する以前から、教父たちは、グノーシス主義にキリスト教とは似て非なるものをかぎつけ、徹底した批判の矛先を向けたのです。その嚆矢は何と言ってもエイレナイオスです。彼は、ガリアの西に位置するルグドゥヌム（現在のリヨン）の司教となりますが、生涯にわたって、反グノーシスの論駁書『異端反駁』Adversus Haereses を書き続けたことで知られています（邦訳あり）。この書物は、グノーシス主義のキリスト理解、救済理解、聖書理解などを批判しながら、そもそもキリスト教信仰とは何かを論じることを目的としています。

エイレナイオスにとっては、グノーシス主義は、万事においてキリスト教と正反対の教えと映り、いかにしても容認できない思想とみなされました。グノーシス主義は、星辰世界を含めた物資的で可視的な世界をすべて悪しき世界と決めつけて、人間はその世界に閉じ込められて実存を喪失していると考えました。実存を喪失した人間は、世界の彼方にあるグノーシス（知識）と一体となることで、物質的、可視的世界から逃れることができ、そこに真の神認識と自己認識が成り立って、救済が生起すると理解したのです。エイレナイオスは、このような宗教思想が神の御子イエス・キリストの受肉という救済史の中心を無視して、キリスト教思想を換骨奪胎する可能性があることを当初から見抜いていました。エイレナイオスにとっては、神が世界に来られた恵みを理解しない思想が、グノーシス主義であったのです。エイレナイオスの神学の特色は、章を改めて論じることにします。

(2) マルキオン

マルキオンは(70年頃~150年頃)、小アジアのシノペ(パフラゴニアの東ポントス州の黒海沿岸の港町)に生まれました。司教の子で、裕福な船主と伝えられています。彼は、130年頃ローマに来て、ローマの教会に加わりました。すでにキリスト者となっていたと思われます。そして、多額の財貨を教会のためにささげることで教会に地歩を得ていきます。

マルキオンは、やがてローマでグノーシス主義者**ケルドン**の影響を受けるようになります。ケルドンは、「モーセと預言者たちが説いた神は、イエス・キリストの父ではない。一方は可知的だが、他方はそうではない。一方は単に義であるのみだが、他方は善である」(エイレナイオス『異端駁論』I・27・1、ヨナス『グノーシスの宗教』189頁より)と主張したと伝えられています。マルキオンの思想をグノーシス主義の一つに位置づけるかは議論があるところです。実際、ハルナックはこの点では否定的です。マルキオンには、グノーシス主義としては特異な側面が多々あることが知られているからです。例えば、マルキオンは、キリストの受難を真剣に受け止めました。また旧約聖書と新約聖書のアレゴリカルな解釈をとらないという聖書の読み方に特徴がありました。さらにグノーシス主義に特有な**混淆主義**（シンクレティズム）と無縁だったこともわかっています。パウロと同様、知識ではなく信仰を救済の根拠としました。

しかしながら、マルキオンには、グノーシス的な側面もあり、歴史家の評価を迷わせてきました。反宇宙論的二元論、造物主（デミウルゴス）に対する知られざる神という観念、造物主によって創造された悪しき物質世界からの解放としての救済観などがあてはまります。これらは明らかにグノーシス主義の特色を示しています。

マルキオンは自ら意図して、教会の改革者、預言者、刷新者となろうとしたというより、イエスの真正な使信を理解し、説教しようとした結果、独自の思想に至りついたと見ることができます。マルキオンは当時の教会が、イエスの真の福音を歪曲していると考え、聖書の使信の中心はイエス・キリストにおける神の愛によってもたらされる人間の救いにあると確信しました。しかし、この確信は、旧約聖書の神が、その愛の神という使信と矛盾する審判者の神、義なる神にして残虐にして災いをもたらす神（イザヤ書45：7、テルトゥリアヌス『マルキオン駁論』Ⅰ・2参照）であるとの理解を彼の聖書理解にもたらし、旧約の神と新約の神は自ずと区別されて理解されるようになったのです。

マルキオンは、旧約の義の神、怒りの神はイエス・キリストの御父なる神とは異なると結論づけました。イエス・キリストの父なる神は、我々人間にイエス・キリストを遣わしてくださることに示されているように、まったき慈愛に満ちた方であります。ここから、マルキオンは独自の教理を展開することになります。それをまとめると次のようになります。

①慈愛に富む神、イエス・キリストの御父は、旧約聖書の神（つまり世界の創造者にして主なる神）とは区別されなければならない。

②旧約聖書は、キリスト教信仰の根拠としては拒絶されなければならない。同時代の弁証家であるユスティノスは『第一弁明』26・5で、「この人物〔マルキオン〕は、今日もなお存命し、信奉者に教えを述べています。造物主（デミウルゴス）とは別の、より大いなるあの神の存在を求める立場です。彼は悪霊の支配を通じて、あらゆる民族の多くの人々に冒涜を語らせ、このわれわれの宇宙の創造者なる神を否定させました。……」と述べています。

かくして、マルキオンは、旧約聖書の神と新約聖書の神を固有の対立した存在とみなすようになります。図式的に示すと、

旧約聖書の神↓律法、義、審判者、世界の創造者、デミウルゴス
新約聖書の神↓福音、慈愛、救い主、御子の派遣、より至高なる神

人間は、創造者なる神の一被造物、人間は神の「かたち」とみなされます。しかし、マルキオンによれば、この神は被造物をして、律法に服従せずに死へと陥ることも許容させるような存在でした（テルトゥリアヌス『マルキオン駁論』Ⅱ・5）。

これに対して、もう一人の神（新約聖書の神）は、キリストを罪の赦しのために派遣することによって、罰し裁くことをせずに、慈愛をもって接し給うたのです。この神を信じる者は、狭い律法主義から解放され、新しい生命に生きることが可能となります。この神への信仰によって、新しい生き方、道徳が生まれます（テルトゥリアヌス『マルキオン駁論』Ⅰ・27）。

こうして、マルキオンはグノーシス主義の帰結を徹底化していき、物質界は悪ゆえに、肉食と性の交わりは、旧約聖書の怒りと裁きの神の術中にはまることと考え、禁欲主義的生活の実践に

至ったと考えられています。

結局マルキオンの「新奇で独創的な」思想は、諸教会には受け入れられず、144年頃、かれは破門され、分離教会を形成し、ローマ典礼に類似した典礼を用いて礼拝をささげ、信奉者を集めていたと考えられています。エルサレムの司教だった**キュリロス**は、キリスト者が誤ってマルキオンの教会に入らないように警告しているほどです（『洗礼志願者のための秘義講話』4・4）。マルキオンの異端は、おそらく各地で成功を収め、伝播していったのだと思われます。実際、150年頃までには、マルキオンの教会は、ローマ中に拡大し、他の教会の脅威となったほどでした。

さらにマルキオンは、旧約の神と新約の神を峻別したために、新約の中から、旧約とのつながりを示唆する文書（例えば、マタイによる福音書やヘブル書など）を取り除き、牧会書簡を除くパウロ10書簡とルカによる福音書を一つのまとまった文書として編纂したと伝えられています。これが、後に「**マルキオン正典**」と呼ばれるものです。かくして、皮肉なことに、マルキオンが、新約聖書諸文書を集成した最初の人物となりました。マルキオンは、律法の成就としての福音を告げるパウロ書簡を評価したために、牧会書簡やヘブル書を非パウロ文書として除外したのです。またマルキオンは、エフェソ書の標題を**ラオデキア人への手紙**と変えました。かくして、マルキオンの出現は、旧約聖書と新約聖書の関係を再考する契機と**聖書の正典化**を促すという影響を

「正統教会」に与えることになったのです。

古代教父たちは、マルキオンの思想に正面から対決し、批判しました。特に重要なのは、テルトゥリアヌスが書いた『**マルキオン駁論**』です。マルキオンの著作は失なわれてしまいましたが、このテルトゥリアヌスの著作から一定程度再構築することができるのです。旧約の神と新約の神の峻別は、そもそも**救済史**という理解を崩壊させ、ロゴスであるキリストの時空を超えた先在という理解を損ねることは明らかでありました。弁証家のユスティノスからすでに始まっていたロゴス・キリスト論に与する教父たちが、一貫してマルキオンの思想に反対したのも当然と言えます。

(3) モンタノス主義

2世紀から3世紀初頭にかけて古代地中海世界に広がった運動が、**モンタノス主義**と呼ばれた**聖霊運動**です。モンタノス主義は、小アジアで起こった宗教運動の総称で、恍惚状態になって、預言をする指導者たちによって形成され、古代では「**フリュギアの異端**」の名で知られていました(エウセビオス『教会史』5・16・17参照)。モンタノス主義(モンタニズム)という名称は、この運動の創始者であり、また自ら最初に預言活動を行ったモンタノスの名に由来するものです。モンタニズム運動に加わって預言活動をした人々は、神から直接の啓示を受けて、恍惚状態となって、宗教上の規律や訓練を整え、断食や禁欲などを通して、終末への備えを行ました。終末の切迫感は、当然のことながら、終末を待ち望む限定された集団を生み出し、そこでだけ通用する倫理や生活形態を拡大させ、多くの人びとを、この集団内に取り込んでいきました。モンタノス主義は、真の預言は通常の意識を失った状態で語られるものと考え、この脱我的経験を持続的に行いうる指導者たちの周りに、より厳格な規律と訓練を行う共同体を形成したという点で、「正統」教会とは異なった在り方をしていました。しかし、彼らが教理的な意味で、異端であるという証拠は、見出すことはできません。

モンタノス主義の運動の勃発年代は、正確にはわかりませんが、170年頃と考えられています。「新しく洗礼を受けた」モンタノスという名のキリスト者が霊による恍惚状態の預言を始めたと伝えられています（エウセビオス『教会史』5・16・7）。南フリュギアのアルダバウという村で、モンタノスにすぐに従ったのは、二人の女性預言者マクシミルラとプリスキラでありました（5・16・13）。小アジアのキリスト教は長い間、ヨハネ福音書を重んじ、助け主（弁護者、パラクレートス）の約束を待望していました。またヨハネ黙示録の終末的な預言の舞台でもあったのです。フィリポの娘（使徒言行録21：10。フィリポには、預言をする四人の未婚の娘がいた）は、小アジアに住み、女預言者であると考えられていました（5・17・3）。そのような集団が、モンタノス主義運動の発端の背景となったと考えられています。

モンタノス主義は、小アジアを中心に広範囲に伝播していったと見られます。運動の進展とともに、恍惚状態の預言の真正性をめぐって、諸教会内に論争が起こったと考えられています。モンタノス主義は、例えばイザヤ書63章9節の七十人訳テキスト「天使でも使者でもなく、父なる神、主である私が来る」という言葉を、切迫した終末の到来の預言と解釈し、自分たちの運動を正当化したことが伝えられています（エピファニオス『パナリオン』48・11・9 英訳 The Panarion of St. Epiphanius, Oxford, p. 170f, Cataphrygians)。しかし、このような聖書解釈と自分たちの運動の正当性を強引に結びつける姿勢は、諸教会の中に、モンタノス主義への懐疑や警戒を生み出したことも事実です。

恍惚状態の預言の正当性をめぐる論争は、やがてそれを終結させるための会議の開催を促しました。実際、177年にローマで会議が開催され、それがキリスト教史における最初の地方教会会議の実例と数えられています（エウセビオス『教会史』5・16・10）。このローマの会議に出席していたのが、エイレナイオスでした。先に述べたように、この会議出席のために、エイレナイオスは、ルグドゥヌム（現在のリヨン）を離れていたので、その年に起こったキリスト教迫害の難を免れることができたのです。ローマの会議では、司教**エレウテルス**によって、モンタノス主義者たちは、追放に処せられたのです。

このようにモンタニズム運動も、教父たちの生涯と様々な形で接触しました。しかし、先に述べたように、彼らは、助け主である聖霊の直接体験を強調し、独自の共同体形成を行ったにすぎず、教理の面では、グノーシス主義のように、異なる主張を宣伝したわけではありませんでした。しかしながら、信仰者の聖霊経験をある種の「規範」としたことで、諸教会は、書かれた文字の規範、しかもその文字こそが聖霊の働きの結果であるという神学的な立場を明確にし、その観点から**正典の結集**に至ることになります。モンタニズムは、正典形成を促したという意味で、教会の歴史に影響を与えたことになります。

そこで、以下では、マルキオン主義やモンタニズム運動によって触発された正典形成について考察してみましょう。

第6章　教父と正典の形成

2世紀初頭までには、いくつかの新約文書は、「聖書」（ビブロス）と呼ばれるようになります。そして旧約とともに、教会の実践と信仰を支えるための権威ある書物として用いられるようになるのです（Iクレメンス13：1～4、IIクレメンス2：4、14：2、バルナバ4：14、ポリュカルポス、フィリピ2：2～3、7：1～2、ユスティノス、『第一弁明』100：1f、101：3）。ディダケーやヘルマスの牧者、バルナバの手紙などには、書名を挙げることは稀ですが、頻繁に福音書とパウロ書簡から引用が見られます。

2世紀半ばまでには、福音書は、旧約聖書とともに、教会の礼拝や伝道において用いられ、新しい信仰共同体であるキリスト教会の「聖典」としての役割を果たすようになります（ユスティノス『第一弁明』67・3）。新約諸文書を「聖書」として認識したのは、エイレナイオスが最初と考えられます（『異端反駁』4：28・1～2）。彼が最初に、「旧約」と「新約」という用語を用いました。彼以後には、クレメンス、テルトゥリアヌス、オリゲネスらによって、広く新約諸文書は「聖書」として受容されていきます。

新約諸文書が結集される以前には、今日の新約聖書中に存在するイエスの言葉や伝道、受難、復活の伝承は、頻繁に引用されて、規範的な位置を与えられ、重要な役割を果たしていたことは明らかです（例：Ｉコリント7：10、17、11：23、Ｉテサロニケ4：15、マタイ28：18、Ｉクレメンス13：1〜4、イグナティオス「フィラデルフィア」8：2、ポリュカルポス「フィラデルフィア」2：2、3）。

すでに見たように、マルキオンは、自分が選択した一定の文書をまとまった聖典として諸教会に提示した可能性があります。マルキオンは、パウロ書簡と編集されたルカ福音書だけをその文書に含めました。彼の主要目的は、旧約の神と新約の神の峻別と分離にありました。それが、ユダヤ教と区別されたキリスト教のアイデンティティの明確化につながると理解されたのです。マルキオンによれば、ユダヤ教とその聖典を拒絶し、救いの手段としての律法を拒否したパウロこそ、真のキリスト教の使信を宣べ伝えた功労者でした。マルキオンは、ローマの教会から追放されると、独自の教会を組織し、何世代にもわたり、その教会は存続しました。テルトゥリアヌスやエイレナイオスがマルキオン主義を論駁したのもそのためでした。おそらく、**「閉じた正典」**

（いくつかの文書を選んで固定した正典）を作成することが、マルキオンの元来の目的ではなかったと思われます。しかし、彼の文書は、どのキリスト教文書が、自分たちの信仰と伝道をもっともよく映し出しているかを教会が検討することを促すものとなりました。

マルキオンと同時代のユスティノスは、共観福音書を聖書として受け入れたことがわかっています。しかし、弁証家ユスティノスは、**ロゴス・キリスト論**を提唱し、後の教理史全体に大きな影響を与えますが、ユスティノスがヨハネ福音書を直接引用している箇所はありません。彼の弟子の**アンティオケのテオフィロス**になって、直接の引用が確認されています。しかし、これら弁証家は、すでにヨハネ神学の根幹となる思想や神学的伝承を受け取って、熟知していたことは間違いないでしょう。3世紀前半には、エイレナイオスが、四つの福音書をすべて、教会がよるべき権威ある書物として受け入れています（『異端反駁』3・11・8～9）。エイレナイオスは、『異端反駁』の該当箇所で、福音書が四つでなければならない理由を、**東西南北の存在**とそこから**吹いてくる四方からの風**によるのだと説明しています。現代人から見ると理由の説明になっていない、こじつけのように思われます。しかし、よくよく考えてみると、四つの福音書は、東西南北と同じように、所与のものだという主張なのです。わたしたちが決めたものではなくて、神がお定めになった数であるということでしょう。その意味で、エイレナイオスの説明は、秀逸なものです。

同時代のテルトゥリアヌスは、エイレナイオスと同じように、四つの福音書すべてを受け入れましたが、マタイとヨハネを使徒に由来するものとみなし、マルコとルカをペトロとパウロの教えを提示しているものと考えたところに独自な視点がありました（『マルキオン駁論』4・2・5）。

使徒教父、弁証家、そしてグノーシス主義やモンタニズムと対決したエイレナイオスやテルトゥリアヌスの時代から、教会は新約諸文書を聖書として認識し、それから、閉じた正典形成へと向かったといえます。この動きの中で、いくつかの歴史の要因が新約聖書の正典形成に寄与しました。すでに指摘したマルキオンによってもたらされた影響と並んで、教会がどの書を聖書として受容しうるかという決定を促した重要な要因は、2世紀後半のモンタノス運動によって形成されたと考えられます。すなわち、モンタニズムは、信仰の規範を、「啓示された文書」に認めるのではなくて、啓示を受けた人物の経験に認めたのです。実際、マルキオン主義の批判を記したテルトゥリアヌスは、人生の後半に、モンタニズム運動に接近し、自らモンタニズム運動の共同体の指導者になったと考えられています。つまり、教父たちの間にも、書かれた文書を規範とするのか、あるいは啓示の直接経験を規範にするのかという問題では、異なる立場があり、教会内に揺らぎがあったと推定されます。テルトゥリアヌスは、特別な啓示の経験に基づく「新しい預言」を擁護する文書を記していたと考えられています。そしてアポロニオスなる人物によって、その文書が拒絶されたと思われることが、エウセビオスによって記録されています（『教会史』5・18・1〜2）。

303年に、ディオクレティアヌス帝の大迫害が始まります。すでに説明したように、この迫害は、散発的な迫害ではなく、迫害の勅令に基づいた組織的な迫害であり、諸教会が破壊され、聖書の焚書（ふんしょ）も命じられました。しかし、多くのキリスト教徒が、信仰を貫き、聖書を官憲に引き渡すことを拒絶して殉教しました。この時期の諸教会は、どの書が聖なるものかについて完全に一致を見てはいなかったものの、大部分の教会は、聖書正典についての理解を共有していたと考えられます。

やがて313年にコンスタンティヌス帝がミラノ寛容令を出して、事実上キリスト教を公認すると、迫害は止み、没収された教会財産が回復される恩恵に教会は与るようになります。キリスト教信仰の一致への希求は以前にもまして深まり、聖書正典を確定する動機が高まってきます。グノーシス主義が正典概念を拡大する傾向を持っていたのに対して、マルキオン主義は、正典を限定する傾向が強かったのです。ローマの宗教となるキリスト教は、教会のあらゆる営みの礎となる規範を書かれた文字に求めるようになるとともに、正典を閉じたものとして確定していきます。

この時期に、コンスタンティヌス大帝は、カエサリアのエウセビオスに、新しい首都のために、聖書写本を五十部作成するよう要求したと伝えられています（『コンスタンティヌスの生涯』3・37）。これらの写本にどの文書を含めるかということについて、おそらくエウセビオスが、決定に関与し、彼の選択は、皇帝に受け入れられたと思われます。エウセビオスは、キリスト教文書に三つのカテゴリーを定めています。すなわち、聖書として受容されたもの、疑問視されているもの、疑わしいものの三つです。4世紀のキリスト教公認の時代に、聖書正典の形成に、教父たちは重要な役割を担ったことは疑い得ないことでした。

また、3世紀の文書とされる「**ムラトリ断片**」では、すでに四福音書のリスト掲げられ（ただしこの断片には欠損があり、福音書のすべてについての記述が読み取れるわけではありませんが）、その時代に四福音書と他の文書が結集の過程にあったことがうかがえます。

360年のアタナシオスの「**復活祭書簡**」39によって、はじめて、わたしたちは旧約聖書39巻、新約聖書27巻、合計66巻の**正典リスト**を手にすることができます。アタナシオスは、復活祭の期日を周辺のアレクサンドリア諸教会に告知する際に、わたしたちの救いの源であり、神の霊感によって書かれた「神的」（ティア）書物として、66巻の文書のリストを掲げています。正典の形成過程を詳細に復元することには、限界がありますが、4世紀半ばまでには、諸文書の使徒性、正統性、古代性、礼拝での使用、霊感による作成などが、古代の教父たちによって基準として挙げられているとともに、それらの基準を備えた文書は、人間の定めたものではなくて、神によって与えられた所与のものであるという認識が共有されていきました。

第7章　エイレナイオスとテルトゥリアヌス

(1) エイレナイオス

エイレナイオスは、キリスト教公認以前に活躍した教父です。小アジアに生まれ、スミルナ(現在のトルコのイズミール)で育ったために、ギリシア語で著作をしました。彼はその地でポリュカルポスの教えに接しました。やがて、ガリアの中心地リヨン(古代ではルグドゥヌム)に移ります。当時、小アジアからガリアへの移住者は少なくなく、現在もガリアの中心地であったリヨンのガリア博物館には、その地で没した人々の石棺が展示されていますが、出身地として小アジアの地名が刻まれているものが少なくありません。前にも述べた通り、177年にリヨンで大迫害が起こりますが、たまたまその期間に、エイレナイオスはローマに出向いており、難を逃れました。

エイレナイオスは、殉教したリヨンの司教の後継者となります。185年ごろに主著『異端反駁』Adversus Haereses を書きます（邦訳『キリスト教教父著作集』異端反駁I～V）。この書物は、『偽ってそう呼ばれたグノーシスの暴露と反駁のための5巻の書』が正式名称で、名前の通り、グノーシス派の教説を論駁するために書かれました。さらにエイレナイオスは、『使徒たちの使信の説明』（『中世思想原典集成1』203～281頁所収）を書いています。彼の著作の目的は、グノーシス主義を論駁して、福音の真理を示すことにありました。グノーシス主義こそ、キリスト教の救済理解、人間理解、歴史理解を破壊し、結局のところ福音の内容を換骨奪胎してしまうと考えられたからでした。

エイレナイオスの著作には、様々な素材や資料がジャングルのように織りなされ、読み解くことは容易ではありません。しかし、教理史家は、エイレナイオス神学の内容的な一貫性として、救済史の統一の根拠としての受肉の理解を挙げてきました。エイレナイオスは、グノーシス主義の二元的思惟に基づく救済理解に対して、徹底して統一を根拠とする救済論を展開しました。この統一とは、創造者にして不可視なる神の統一であ

り、神人であるキリストの統一、さらには霊魂と肉体からなる人間の統一のことです。エイレナイオスにとって、救済は、肉体をとって、真の人となったイエス・キリストの統一に根拠を持つゆえに、「身体の救い」（salus carnis〔サルース カルニス〕）であると考えられました。この「身体の救い」を保つためにも、キリストの真の人性が前提とされました。

エイレナイオスによれば、救済は**原初状態の回復**によって達成されます。神の最初の創造において、アダムとエバは、神のかたちに造られ、神との応答関係を与えられていました。しかし、人間は堕罪によって、神から離反し、原初のかたちを失います。

しかし、そのような人間は、再び神を知ることによって、不死なる神の似像を回復し、万物にまさる神を見ることが可能にされるのです。この救いへの道は、受肉において起こりました。なぜなら、神の御子の受肉によって、失われた人間の統一が回復され、不死なる本性を与えられるからです。

このような文脈で、エイレナイオスは、人間の罪を取り除く存在としてのイエスの苦難について語り、神との和解、悪魔からの解放としてのキリストの十字架についても語りました。悪魔の支配に対する勝利としての復活の主題も、エイレナイオス神学には鳴り響いています。悪魔への勝利としての救済というモチーフは、西方ラテン教会では、やがて原初的で、洗練されていない救済論のように扱われることになりますが、アウレンが明らかにしたように、ルター神学に流れ込んでおり、カルヴァン神学にも形を変えて、影響を与えています。戦争の世紀に生きているわたしたち現代のクリスチャンは、この救済のモチーフにもっと注目すべきだと思います。

さて、エイレナイオスにあっては、**神の御子の受肉**は、神にして同時に人となった仲保者キリストのみが人類を救うことができる**救済の秘義**であると考えられました（AH. III. 18. 7）。そこで、エイレナイオスは、ユスティノス以上に、救済史における受肉の中心性を強調しました（『使徒たちの使信の説明』33）。さらに、受肉における再統合（recapitulatio［レカピトゥラチオ］）の思想が、重要な主題として繰り返されることになります。キリストがアダムの罪を償い、さらにキリストがはじめと終わりを結びつけ、自身のうちに人類全体を統合したというエイレナイオスに特徴的な思想です。したがって、キリストは、万物のかしら、聖霊における一致の原理、すべての救いの源と考えられました。

バイシュラークという現代の教理史家とともに、エイレナイオスの神学の特色を以下のように表現することもできます。すなわち、グノーシス主義の世界観が常に神性と世界との間に横たわる測りがたい形而上学的距離を前提としていたのに対して、エイレナイオスは、創造者と被造物の間の聖書的な近さから出発するのです（バイシュラーク『キリスト教教義史概説下』21頁参照）。つまり、グノーシス主義は、物質は神性とは相容れないという前提から出発するので、神の御子の受肉が救済に意義を持つこと自体を受け入れがたいと考えてしまいます。つまり、神性と世界（被造世界）の間には、越えがたい形而上学的距離が設定されていることになります。エイレナイオスは、聖書が証言する受肉という事実から出発しますから、神性と世界には、限りない近さが造り出されたことを前提とするのです。

次に、エイレナイオス神学の特色として、**救済史の三位一体的構造**を挙げることができます。エイレナイオスの議論では、御父と御子と聖霊の名による洗礼の定式と慣習が、御父と御子、聖霊の存在と働きについての神学的考察と密接に結びついていることがわかります（「使徒たちの使信の説明」六、七）。エイレナイオスは、父・子・聖霊への信仰を告白することによって、三位格の本質の特色だけでなく、三つの位格のそれぞれの救済論的働きを明らかにします。さらにまた、エイレナイオスは、御子を通して、聖霊における洗礼が、神へ向かっての再生を可能にすると考えています。御霊を与えられた者は、御子に導かれ、御子はそれらの人々を御父へと導き、この御父が不死性、不朽性を人間に与えるのです。

エイレナイオスにあっては、このような三位一体概念の展開が特色となっています。弁証家ユスティノスと比べて、エイレナイオスは、救済史をよりはっきりと、三位一体的に理解しています。具体的に言えば、彼は救済史を同一不変なる神と「創造主である神の二つの手」（御子と聖霊）が不断に働く場としてとらえているということです。すなわち、現代神学の用語で表現すれば、内在的な三位一体における父・子・聖霊が、経綸の場に働くものとして区別されつつ同一であるものととらえられています。このように、エイレナイオスは、「**創造主の二つの手**」という考え方を導入し、ユスティノスやテオフィロスを継承しつつ、創造という文脈の中で、神の救いの働きを議論しています。「創造主の二つの手」とは、御子イエス・キリストと聖霊を意味しました（『異端反駁』IV. 7. 4, IV. 20. 3）。ここから、エイレナイオスは、聖霊理解の新しい可能性を提示しました。聖霊は、キリストと共に救済史に働く独自の存在でありながら、キリスト論的な位置づけが与えられました。古代ギリシア教父の聖霊論は、エイレナイオス以後、オリゲネス、アタナシオス、カッパドキアの三教父らによって、さらに展開されることになります。

(2) テルトゥリアヌス

テルトゥリアヌスは、カルタゴの裕福な異教徒の家に生まれたと伝えられています（150〜155年ごろ）。ローマで法律を学び、哲学や歴史にも精通し、ギリシア語もできた教養人であったと考えられます。190～195年ごろ、ローマでキリスト教に改宗しました。202年のセプティミウス・セウェルス帝の北アフリカの諸教会に対する迫害によって、テルトゥリアヌスは、キリスト教会が迫害に容易に屈する姿に失望し、より厳格な立場へと移行したと考えられています。彼自身は元来禁欲的な生活を貫き、当時のローマの文化や風習には迎合せずに、キリスト教信仰に基づく倫理道徳に生きる姿勢をとりました。このような姿勢は、彼がモンタノス主義へと接近する道を準備することになります。テルトゥリアヌスは、206年ごろまでは、カルタゴの教会の指導的立場にあったと思われますが、208年ごろにはモンタノス主義運動に参加するようになります。222～225年ごろ、モンタニズム運動の小さなセクトの指導者として亡くなったと考えられています。『プラクセアス反論』(『キリスト教教父著作集13』所収)、『護教論』(『キリスト教教父著作集14』所収)などが有名です。さらに倫理的な著作も数多く公にしました(『キリスト教教父著作集16』)。

テルトゥリアヌスは、ラテン語を使用して本格的な神学を行った最初の神学者でした。そこで、ラテン神学の父とも呼ばれてきました。現代まで使用されている**サクラメント**(sacramentum〔サクラメントゥム〕)や**三位一体**(trinitas〔トリニタス〕)などの用語を最初に使ったのは、テルトゥリアヌスです。テルトゥリアヌスの著作は、後で出てくるキプリアヌスによって読まれ、さらにキプリアヌスの著作は、5世紀のアウグスティヌスによって愛読されましたので、ラテン教父の伝統の出発点となったと言ってよいでしょう。

テルトゥリアヌスの立場を表現した言葉として、「アテナイとエルサレムとどのような関係があるのか」が有名です（『異端者への抗弁』7・9）。アテナイとはギリシア哲学の故郷であり、エルサレムとは、キリスト教の揺籃の地です。すでに見たように、2世紀半ばの弁証家ユスティノスは、古代ギリシアの哲学者ソクラテスも、真理に参与している限り、クリスチャンであると述べました。つまり、哲学とキリスト教信仰は相対立するものではなくて、むしろ相互補完的であり、アテナイとエルサレムは一体であるという立場をとりました。これに対して、テルトゥリアヌスは、キリスト教こそが最高の知恵であり、哲学の補完や助けは不要と主張したのです。

テルトゥリアヌスは、エイレナイオスから「身体の救い」salus carnis の神学を継承しました。しかも、それをさらに発展させていきます。テルトゥリアヌスの代表的な著作の一つ『復活について』8で示されたように、caro salus est cardo（肉は、救済の要である）という主張がテルトゥリアヌス神学の出発点となり

ました。

テルトゥリアヌスによれば、救済の順序は、創造と完成によって成り立ちます。内的なロゴスによって、すべてを予め計画された神は、ご自身の創造のご計画を目に見える形で実現させるために、御自分の言葉（ロゴス）を発せられました（『プラクセアス反論』6・3）。創造におけるロゴスは、被造物を秩序づけ、それらに目に見る形を与えるものでありました（同上）。

つまり、テルトゥリアヌスにあっては、神の創造自体が、救済の意志をもった神による人間へのわざであると理解されました。神は、御言葉と聖霊というご自分の二つの手によって、世界を創造し、人間を土からキリストの似像として造られました。さらに御自分が創造した世界を、これら二つの手によって導き、救済へと約束されます。『復活』（6・3、9・12）では、救済の歴史に生きる人間について次のように述べています。「したがって、すでに肉をとられたキリストの似像を身にまとった粘土〔つまり人間〕は、神のわざのみならず、神からとられたものである」。

ここからわかるように、テルトゥリアヌスの救済論は、本質的にエイレナイオスのそれと類似しています。テルトゥリアヌスもまた、エイレナイオスと同様に、人間の創造を御言葉の受肉というパースペクティブ（視点、見取り図）からみていることは明らかです。テルトゥリアヌスは、エイレナイオスと同じく、神の像としての人間論を展開しました。人間は、堕落後に、成熟した完成に至るために、罪によって失われた統合を回復する必要があると考えたのです。そこで、テルトゥリアヌスは、救済における受肉の意味を、エイレナイオスとともに強調することになります。彼は、アダムの罪は、神の怒りの原因であり、結果として人間の死に示される、すべての悲惨の開始を意味しました。さらにそれは、悪魔との無情な戦いの原因とも言えます。

テルトゥリアヌスは、ここから、**受肉と復活の出来事の神秘的関係**を明瞭に語ります。天使も天的存在も人間を救済することはできないゆえに、神の子キリストが、人として真に誕生する必要があったと理解したのです。しかも、このキリストは、真の人として地上の生涯を生きたと同時に、真の神の子として復活されました。キリストの復活は、人間の復活の初穂であり、わたしたちが、キリストの復活を信じて、キリストと一体となることによって、キリストの不死性と不朽性すなわち神の不死性と不朽性を与えられることを意味しました（『復活』48・8、56・6）。

このようなキリスト教公認以前の、反グノーシスの教父たちの思想の意義は、キリスト教の教理史には測りがたい影響を与えました。彼らは、グノーシス主義の救済理解の問題性をいち早く見抜き、聖書が証言するキリストの死と復活の救済的な意義に注目することで、後の**ギリシア神学**、**ラテン神学**の礎を築いたと言ってよいでしょう。さらに、救済が、復活者イエス・キリストの身体との合一（unio（ウニオ））によって、神の不死性と不朽性を人間が受け取ることであるという理解は、中世の神秘家だけでなく、ルターやカルヴァンの聖餐論、洗礼論、救済論の要の思想として継承されていきます。

日本のプロテスタント神学は、復活者イエス・キリストの身体との合一や不死性や不朽性への参与という考え方を、神秘的思想と考え、見落としてきたように思います。カール・バルトの神学の大きな影響によって、神と人間との絶対的、質的な差異に強調が置かれ、啓示と恵みによってのみ神認識の可能性が示されると、古代教父の救済論は神学思想から抜け落ち、宗教改革者たちの救済論も見失われてしまいます。

第8章　殉教者キプリアヌス

キプリアヌスは、テルトゥリアヌスの神学を受け継ぐラテン教父です。200年頃北アフリカのカルタゴに生まれ、生涯をそこで過ごしました。裕福な家庭に生まれ、高度な教育を受け、修辞学教師として名声を得たと伝えられています。246年頃にキリスト教に改宗します。248～9年頃、カルタゴの司教となりました。250年にデキウス帝の迫害に遭遇しましたが、何とか逃亡して難を逃れることができました。しかし、258年のウァレリアヌス帝の迫害で殉教します。

キプリアヌスは、当時の北アフリカ教会のみならず、ラテン語を話す諸教会の指導者でした。そのために。彼が殉教した直後から、その死を悼み、記念する祭儀が地中海各地で行われるようになります。またいくつかの場所にキプリアヌスの名を記念した礼拝堂が建立されたほど、殉教者の名はこの時代のキリスト教徒の記憶に留められました。

有名な逸話が残っています（アウグスティヌス『告白』5・8・15の中で、アウグスティヌス自身が語っていることです）。アウグスティヌスが、母モニカをカルタゴの港に建てられていた「キプリアヌス記念礼拝堂」に誘い、彼女が寝入ったしまった隙に、アウグスティヌスは、港から船に飛び乗って、対岸のローマの外港オスティアに船出しまったというのです。4世紀から5世紀に生きたアウグスティヌスの時代にも、キプリアヌスの名は、建立された記念礼拝堂によって記憶されていたに違いありません。アウグスティヌスは、キプリアヌス神学を継承しつつ、さらに展開しました。とりわけ、教会論の領域でのキプリアヌスの貢献は大きいものでした。

キプリアヌスは、『偉大なる忍耐・書簡抄』（創文社）、『カトリック教会の一致について』De unitate ecclesiae（『中世思想原典集成4』所収）などを書きました。特に『カトリック教会の一致について』という著作は、後世に大きな影響を与えました。この中に出てくる母なる教会の思想や教会の一致についての神学的な思索は、アウグスティヌスを経て、中世のスコラ学、そして宗教改革者にも継承されていきます。3世紀半ばのデキウス帝に始まるキリスト教徒に対する組織的な迫害の時代に、キプリアヌスは、いかなる事態にあっても、教会の分裂は正当化できないと考え、教会の一致を呼び掛けたことが知られています（『カトリック教会の一致について』4以下）。キプリアヌスの論点は以下のようでした。

①教会の分裂は、どのような事態、状況でも正当化できない。したがって、教会の一致は常に保たれるべきである。教会という共同体の外に出てしまうことは、救いの可能性を失うことになる。「教会の外に救いなし」（salus extra ecclesiam non est; Epistulae 73. 21）と言うべきである。

②背教者もしくは分裂司教は、キリスト教会の聖職者として活動したり、サクラメントを執行する権限をはく奪されるべきである。教会の外に追放されることによって、彼らは、霊的な賜物を失ったと考えられる。ゆえに、彼らは司祭や司教の任命を許可されるべきではない。彼らが任命した者はだれであれ、効力のない任命と看做されるべきである。

キプリアヌスは、教会内に留まり続けることがもっとも重要なキリスト教徒の生き方であり、姿勢であると考えました。キリスト教徒は、キリストの花嫁であり、キリスト以外の者との関わりは許されないのです。したがって、教会の根本的な特質は、キリストとの一致であり、キリスト教徒の一致ということでした。このことを表すために、キプリアヌスは豊かな象徴言語を採用しました。例えば、教会は、キリストの縫い目の無い衣服であり、その外ではいかなる者も救われることのない、ノアの箱舟に喩えられています。さらにまた、教会は、一つの聖餐のパンを形作る穀物の多様性（『書簡』Epistlae（以下 Epist. と略す）63, 13)、司教が船長をつとめる船（Epist. 59, 6)、豊かな実りを生み続ける一つの家族をその乳で養う母のイメージ（『カトリック教会の一致について』5）などで表現されました。

教会が、デキウス帝からウァレリアヌス帝に至る時代に、迫害下での分裂の危機にさらされていたからこそ、教会の一致を擁護するために、キプリアヌスは『カトリック教会の一致について』と多くの書簡を記しました。彼は、司教に従うことによって、教会の一致を保つ道を積極的に切り開こうとしました。キプリアヌスは言います。「司教が教会のうちにあり、教会が司教のうちにあることを、さらに司教とともにない者は誰であれ、教会の中にはいないということをあなたは理解すべきである」（Epist. 66, 8)。司教とともに教会はあり、そこに集って、教会の外に出ない者たちが、救いの約束を与えられ、迫害下でも生きることができると考えられました。

キプリアヌスにとって、普遍的な教会の一致は、司教たちの一致に拠るのです。彼らは、使徒たちの継承者であり、使徒たちは、古の司教でありました。「主が使徒たち、すなわち司教たちと統治者を選んだ」（Epist. 3, 3）と明言されています。教会は、この司教たちの上に建てられている共同体なのです。

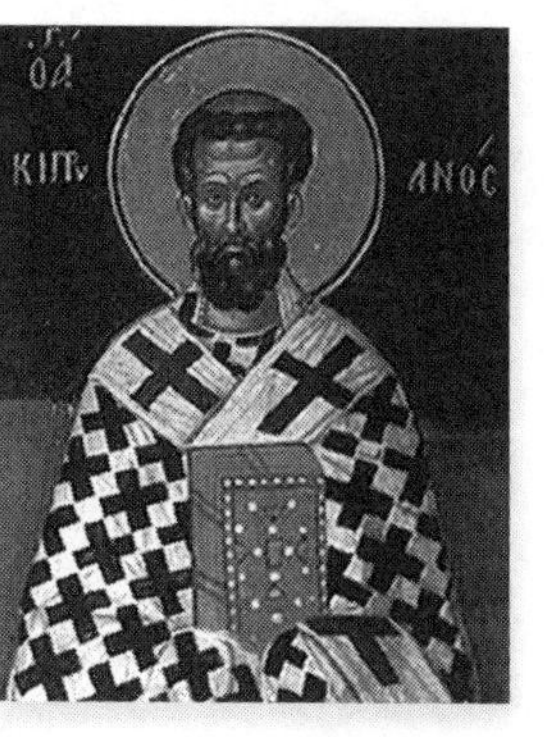

キプリアヌスは、マタイ16章18節を、司教座全体について当てはまる聖書箇所と理解し、司教座の各成員は、慈愛と一致の法によって互いに結びつくと理解しました（Epist. 54; 68, 5）。かくして、キプリアヌスにあっては、普遍的な教会は、単一の体を持つものとみなされました。「公同的であって、一つなる教会は、引き裂かれたり、分割されたりはせず、教会の祭司のセメントによって真実に結び付けられている。この祭司は互いに固く結ばれている」（Epist. 66. 8）と言われています。キプリアヌスにとって、「**公同教会**」（ecclesia catholica）は、キリストの体である目に見えない教会であるとともに、具体的、歴史的には、司教の下に集められた救いを希求する信仰者の共同体でした。この共同体は、キリストの乳、すなわち福音によって信仰者を養なっている母なる教会なのです。

キプリアヌスは、司教は神にのみ答える存在であると確信していました。「友情の絆が保持され、カトリック教会の聖なる一致が保存されている限り、各司教は自分自身の行為の主であり、いつの日にか、主なる神に自分自身の弁明を委ねなければならないと知っている」（Epist. 55, 21）。異端者の再洗礼をめぐっての、教皇ステファヌスとの論争では、キプリアヌスは、256

年の9月のアフリカの会議の議長として、以下のように自説を開陳しました。「わたしたちの間では、誰も、司教の中の司教として自分を誇るものはいない。あるいは独裁もしくは恐ろしい力によって、仲間たちを強制的な服従に強制はしない。なぜなら、あらゆる司教は自分の自由と力において、自分自身の心に対する権利を持っており、彼自身が他の司教を裁くことができないように、他の司教によってもはや裁かれることがないと理解しているからである」(CSEL 3, 1, 436)

これらの言葉から、キプリアヌスが、他の司教に対するローマ司教の法的な首位性を認めてはいないことは明らかです。さらに、彼は、ペトロが他の使徒に勝る力を与えられているとも考えてはいませんでした。彼は「他の使徒たちもペトロとまったく同じ名誉と権能を授与されたが、その由来は一致から出ているのである」(『カトリック教会の一致について』4)と述べています。つまり、3世紀半ばのキプリアヌスにあっては、キリスト教が公認されて以降、特に6世紀以降のグレゴリウス一世の時代とは違って、ローマ司教座の優位性の思想は見られません。キプリアヌスは、他の司教座に対する法的なより高い権能をローマに認めませんでした。おそらくその理由は、ローマ教会が北アフリカのカルタゴなどの司教座へと介入することを望んではいなかったからでしょう。キプリアヌスは言います。「なぜなら、それぞれの羊飼いには、導き、統治するための別個の群れがあてがわれているからである」(Epist. 59, 14)。

キプリアヌスは、ペトロに優位性を認めてはいないものの、「ペトロの司教座」Cathedra Petri（カテドラ ペトリ）は、「第一の教会」ecclesia principalis（エクレシア プリンキパリス）であり、「祭司の一致」unitas sacerdotalis（ウニタス サケルドタリス）の起源となるものと考えられていたことも事実なのです。

第9章　アレクサンドリア学派

キプリアヌスが、古代地中海世界のどちらかと言えば西側、北アフリカのカルタゴで司教として働き、著作活動を行い、最後に殉教という無念の死を遂げた時期に、東方のギリシア語圏では、新しい神学的な潮流が生まれました。場所は、古代地中海世界きっての大都会アレクサンドリアです。

アレクサンドリアという町は、紀元前332年にアレキサンドロス大王によって建設された計画都市です。地中海の貿易の中心地となるだけでなく、多くのギリシア人やユダヤ人が入植して、文化の混淆を生みだしたことで知られています。**ムセイオン**を中心とする知的な伝統が形成されたのもこの街です。ムセイオンは、紀元前297年にアテナイから亡命してきたアリストテレスの弟子ファレロンのデメトリオスの示唆を受けて、アテナイのムセイオンを模倣して作られた学術施設でした。アテナイのムセイオンは、アリストテレスの著作を蔵書する哲学研究所でしたが、アレクサンドリアでは、哲学だけでなく、数学、地理学、天文学、医学など幅広い科学研究も行われました。その成果は、ファロス島の東端に建立された高さ120メートル余の大灯台に結実したと言われています。

ムセイオンの付属図書館には、数十万巻に及ぶ図書があったと伝えられ、古代最大の図書館でした。そこでは、図書の収集だけではなく、分類、目録の作成、原典の校訂、注釈、写本の作成、翻訳なども行われたと考えられています。

初期のムセイオンと図書館は、アリストテレス的な学風を受け継いだと言われますが、紀元前145年に、プトレマイオス8世エウエルゲティス（在紀元前170～163、145～116）が、学者たちを追放したことで、アリストテレス研究は一時的に衰退します。代わって、プラトン主義研究が盛んになり、中期プラトン主義、新プラトン主義と後に呼ばれる学派が興ってきます。特に、アンモニオス・サッカスの下で学んだ**プロティノス**（205年頃～270年）は新プラトン主義の代表的人物として有名でした（主著『エネアデス』、中央公論社からプロティノス全集が出版されている）。プロティノスが生きたのは、オリゲネスがアレクサンドリアで活動した時期と重なりますが、実際にプロティノス哲学の影響が及ぶのは、そのギリシア語の著作がラテン語に翻訳されて、アウグスティヌスの時代となります。

またユダヤ人**フィロン**がギリシア哲学によって、ユダヤ教を再解釈したのもこの町でした。さらに、紀元前2世紀には、旧約聖書のギリシア語訳、いわゆる**七十人訳聖書**がアレクサンドリアで作成されます。アレクサンドリアの対岸の島ファロス島に集められた七十人の長老たちが、一斉に旧約聖書をギリシア語に翻訳すると、不思議なことにすべて一致した訳文になったと言います。神の霊の働きに違いないと人々は確信し、出来上がった聖書を七十人訳(セプチュアギンタ)と呼んで重んじるようになります。七十人訳聖書は、その後幾多の写本で伝えられ、写本ごとに異同がありますが、1世紀の新約聖書の記者たち、2世紀以降の古代教父たちの多くは、七十人訳聖書を聖書として読んでいました。新約聖書の旧約の引用も七十人訳によるものです。

このアレクサンドリアにキリスト教を伝えたのは、**福音書記者マルコ**であると伝えられています(エウセビオス『教会史』2・16・1参照)。以後、アレクサンドリアの司教座は、マルコの名を冠した聖マルコ教会に置かれることになります。キリスト教徒は、アレクサンドリアの町に一定の居住地域を与えられ、異教徒のローマ人やユダヤ人とは時に対立を伴う緊張関係を、時に融和的で平和な関係を時代ごとに保ちながら、それぞれの信仰共同体の形成にあたりました。

アレクサンドリアには、以上のような知的な伝統と環境が整っていたゆえに、ロゴス・キリスト論を継承して、グノーシス主義の脅威を論駁した上で、新たに、キリスト教と諸文化の融和と折衝を目指す神学の学派が生み出されます。それが、クレメンスとオリゲネスに代表される**アレクサンドリア学派**でした。

(1) クレメンス (150年頃~215年頃)

アレクサンドリアのクレメンスは、アテナイで生まれたとされます。家庭はキリスト教徒ではありませんでした。若くして学問を志し、師を求めて各地を遍歴したという点では、2世紀の弁証家**ユスティノス**に似ています。クレメンスは、エジプトのアレクサンドリアにやってきて、ディダスカレイオンという私塾を開いていた**パンタイノス**に出会います。彼は、パンタイノスの助手となり、やがて後継者として、ディダスカレイオンを主宰して広範な研究、教授活動に従事することになります。200年頃に司祭に任ぜられ、202年よりセプティミウス・セウェルス帝の迫害を避けて、小アジアのカパドキアのカイサリアにのがれたと伝えられます。215年頃、同地で没しました。

著作には、『ギリシア人への勧告』『教育者(パイダゴーゴス)』『ストロマテイス』などがあります。いずれの著作も、旧約聖書、新約聖書、ギリシアの哲学者、詩人、劇作家、史家等からの

縦横無尽の引用で満ちており、クレメンスの博学は異彩を放っています。特にクレメンスはプラトンの著作に通暁し、異文化の中にもキリスト教の真理が先んじて輝いていたと考えました。「律法がヘブライ人をキリストに導いたように、哲学はギリシア人をキリストに導いた」(『ストロマテイス』1・13)は、有名なクレメンスの言葉です。クレメンスは、ギリシア的な教養をキリスト教信仰の論拠として用い、キリスト教における神学的な基礎固めに貢献しました。この点では、哲学的伝統を敵視せず、むしろそれらをキリスト教の弁証のために適切に用いるという立場をとりました。弁証家ユスティノス以来の伝統は、クレメンスに継承されていると言ってもよいでしょう。

しかし、同時に忘れてはならないことは、クレメンスが、プラトンやホメロスを愛しながらも、「それらの作品をひざまづいて読むことはしなかった」という事実です(チャドウィック『初期キリスト教とギリシア思想』59頁参照)。チャドウィックの指摘は、含蓄に富むものです。クレメンスにとっては、哲学的な伝統の顧慮は、キリスト教信仰の尊さ、その真理性をむしろ明らかにするために必要だったのです。哲学的な伝統や文化の積極的な摂取が可能となったのは、アレクサンドリア学派の登場に先立って、エイレナイオスやテルトゥリアヌスなどの、キリスト教とは似て非なるグノーシス主義やマルキオン主義との徹底した対決があったからでしょう。

クレメンスにとって、知的探求は、キリスト教的な真理探究の営為の一面でした。彼は真の意味で知識(グノーシス)を重んじる「グノーシス主義者」たろうと欲したのです。彼が考える理想的なキリスト教的「グノーシス主義者」とは、単なる知識人ではなく、信仰から成長した知識と愛とに緊密に結びあった知識を持つ者でありました。しかも、この知識(グノーシス)において、人間の思考のあらゆる形式が、それぞれ果たすべき役割を持つと考えたのです。クレメンスはまた、すべての真理は一つであって、それを探究することは、神のロゴスの受肉という啓示と対立することではないとも述べています(『ストロマテイス』5・3・17〜18など参照)。

(2) オリゲネス

オリゲネスの著作と生涯

オリゲネスは、3世紀のアレクサンドリア学派を代表する偉大な教父です。アウグスティヌス以前の教父の中で、もっともたくさんの著作を残し、後世に大きな影響を与え続けました。

しかしながら、4世紀にキリスト論論争が起こり、いわゆる「正統」と「異端」の対立が鮮明になると、異端として断罪された**アレイオス派**の思想的なルーツを、オリゲネスの従属説的なキリスト論に見い出す人々が出て、オリゲネスの神学に異端の嫌疑がかけられるようになります。オリゲネスが生きていれば、アンフェアであると反論したでしょうが、すでに彼が没した後に、「オリゲネス論争」が勃発し、オリゲネスは異端宣告を受けることになるのです。そのために、彼のたくさんの著作は失われてしまいます。聖書の注解書、スコリアと呼ばれる解説、その他、数百に及ぶ著作は、その一部を除いて後世に写本として残されることはありませんでした。かろうじて、『諸原理について』が、ルフィーノスのラテン語訳で、また『ヨハネによる福音書注解書』、『ルカによる福音書注解書』、『ローマの信徒への手紙注解書』、『雅歌の講解』、『ケルソス反論』などが、残されました。オリゲネスの著作のオリジナルなギリシア語断片は、4世紀後半のカッパドキアの教父たちが編纂したオリゲネスの詞華集『フィロカリア』に残されています。死んだ後も、紆余曲折した歴史を経験したのが、オリゲネスという人物でした。では、彼の生涯はどうだったのでしょうか。

カイサリアのエウセビオスの書いた『教会史』第6巻に、オリゲネスの生涯についての記述があります。今から千数百年前の人物について、かなり詳細な記述が残されていることは驚きです。

このこと自体が、オリゲネスという人物が、古代のキリスト教世界では特別に扱われていたことを物語っています。実際、カエサリアのエウセビオスは、その地の司教となって、地中海に面するパレスチナの港町でかつて著作をし、人々を教えたオリゲネスについて、尊敬を込めて、多くのことを書き残したのです。カエサリアには、オリゲネスの著作や手紙、蔵書などが残されていたと伝えられています。

オリゲネスは、100以上の手紙を書いたとされますが、残念ながらそれらは失われてしまいました。しかしながら、幸いなことに、エウセビオスがカエサリアでそれらを集め、オリゲネスの生涯を記述するにあたり用いていたと考えられています。したがって、『教会史』第6巻の記述は、オリゲネス自身が書き残した「一次史料」に基づくものと推量されるのです。

さらにまた、カエサリアの長老であったパンフィロスという人物が、後にオリゲネスの教えを問題視する人々によってオリゲネス論争が生じたときに、オリゲネスを擁護して『弁明』という文書を書いたことがわかっています。しかし、残念ながら、これもまた失われてしまいました。もしそれが現存していたな

らば、オリゲネスについてのもっと多くの情報をわたしたちは手にしていたと思われます（1巻のみが、ルフィーノスの不完全であまり信頼できないラテン語訳で残存しています）。

しかし、オリゲネスの弟子であった**グレゴリオス・タウマトロゴス**（カッパドキアの教父バシレイオスとニュッサのグレゴリオスの兄弟の祖母にあたる大マクリナという女性は、このグレゴリオス・タウマトロゴスの薫陶を受けたことを誇りにしていました）がオリゲネスのもとを去る際に書いた『告別の辞』が存在します。この文書は、オリゲネスの教授法のみならず、かれの個性とその歴史を知る上で、きわめて貴重な史料です。最後にヒエロニムスの『著名人列伝』De vir. ill. 54. 62でもオリゲネスへの言及がなされています。さらに、ヒエロニムスの手紙の一つ（Epist. 33）でも言及されています。このように見てくると、オリゲネスの生涯を知る資料は、限られてはいますが、他の古代教父に比べるとはるかに多いことがわかります。それらから、オリゲネスの生涯を再構成してみましょう。

まず、オリゲネスは、異教からの改宗者ではなく、キリスト教家庭の中で育ち、多くの兄弟たちの長男であったことは間違いありません。彼は、185年ごろにおそらくはアレクサンドリアで生まれました。彼の父レオニデスは、オリゲネスに聖書と世俗の科目の教育を施し、セウェルス帝の迫害（202年）の際に、殉教の死を遂げた人物です。オリゲネスの母が、息子オリゲネスの着物を隠さなかったなら、父の後に従って、彼も殉教をさえ厭わなかったと伝えられています。それほどの信仰の情熱を持った若者としてオリゲネスは描かれています。

殉教した父親の相続財産は、国家によって没収されたために、オリゲネスは教えることによって生計を維持するとともに、家族をも養わねばなりませんでした。アレクサンドリアの有名な教理学校は、前節で解説したクレメンスが町を去ることによって頓挫してしまいますが、当地の司教デメトリオスは、18歳の若いオリゲネスに教理学校の責任を委ね、実際オリゲネスはその後長くその勤めに従事することになります。オリゲネスは、やがて多くの学生を惹きつけます。その理由は、オリゲネスの教えや思想の魅力だけではなく、彼の生き方そのものによるところ大であったと思われます。エウセビオスは、次のように書いています。

> 人びとが言うように、彼は「まことにその言葉は生き方（トロポス）そのものだった。その生き方は言葉そのものだった」ことを示した。そして、まさにそれゆえに、彼は聖なる権能（デュナミス・テイア）の共働を得て、無数の人びとを彼の熱心に与らせることになった。
>
> （『教会史』VI・3・7、秦 剛平訳2巻、156頁）

さらに、エウセビオスは、オリゲネスが哲学者のような禁欲生活を徹底して行っていたことを記録しています。

日中は決して軽くない労働で自己を鍛錬し、夜の大半の時間を費やして聖なる文書の研究に没頭した。彼はときには断食修行で、またときには睡眠時間を切り詰めて――彼は寝台の上ではなく、床の上に寝た――どこまでも哲学者然とした暮らしに徹した。

(同VI・3・9、邦訳157頁)

このような禁欲的な学究生活の徹底から、オリゲネスは自ら去勢するという決断に至ります。マタイ福音書19章12節を字義通りに受け取って、オリゲネスが、自ら去勢したのは、父の殉教の直後の202~3年ごろ、オリゲネスが未だアレクサンドリアで教師として働いているときであると考えられています。(同VI・8・1~3、邦訳162頁)

オリゲネスが教育者として働いていた時代は、二つの時期に区分することができます。第一に、202~231年にまで及ぶ、アレクサンドリアの教理学校の校長としての時代です。この時期に、オリゲネスはますます名声を得て、成功を収めることができました。彼は、異なる教えを主張する人々や異教の哲学の学派からも生徒を集めました。はじめに、彼は、ギリシア哲学、弁証学、自然科学、数学、地理、天文学と広汎な学問について教えました。やがて、オリゲネスの負担が増加したために、弟子の**ヘラクラス**に準備段階の生徒の教育を委ね、オリゲネスは専ら、哲学や神学とりわけ聖書を上級の生徒たちに教えるようになりました。このように忙しいスケジュールにもかかわらず、オリゲネスは、著名な新プラトン主義の創始者**アンモニオス・サッカス**の講義に出席し続けたと言われています。サッカスの影響の痕跡は、オリゲネスの「宇宙論」や「心理学」、そして方法論に見られます。

アレクサンドリアにおけるオリゲネスの教育活動は、数度にわたる旅によって中断しています。古代世界では、真理探究と学問をする人々は、師を求めて旅をしました。先のユスティノス然り、アウグスティヌス然り、カパドキアの教父然りです。オリゲネスは、自ら進んで旅に出るとともに、彼の名声ゆえに、各地に招かれることもありました。

２１２年ごろ、オリゲネスは「ローマのもっとも古い教会を見たいと願い」(同VI・14・10、邦訳175頁)、当地を訪問しました。ローマは、すでに衰退期に入っているものの、古代ローマの栄光を至る所にとどめていたはずです。この旅行は、ゼフュリノスがローマの教会を統轄していた時代であり、オリゲネスはそこで当代の最も著名な神学者であり、のちにローマの対立司教となった**ヒッポリュトス**（170頃〜235/6年）と会見しました。ヒッポリュトスの『使徒伝承』という書物が残されていますが、その中には3世紀初頭のローマの教会の様子、洗礼や聖餐の式文などが記録されています。

215年になる直前には、オリゲネスは求めに応じて、ローマの属州長官を指導するために、アラビアに出かけました。また、オリゲネスの話を聞くことを願った、皇帝アレクサンデル・セウェルスの母ユリア・ママエアの招待によって、アンティオケに赴いたこともありました。

しかし、やがてカラカラ帝がアレクサンドリアの町を略奪し、学校を閉鎖し、教師を迫害し、無辜（むこ）の市民2万人以上を虐殺したとき、オリゲネスは、アレクサンドリアを去ってパレスチナへと赴くことを決断しました。216年ごろのことです。この機会に、カエサリア、エルサレム、また他のパレスチナの司教たちは、名声が周囲に聞こえていたオリゲネスに自分たちの教会のために説教や聖書講解を依頼しました。オリゲネスは、聖職者ではなかったものの、求めに応じて説教と講解を行いました。

しかしながら、このパレスチナでのオリゲネスの活動が、思いもかけず大きな問題を引き起こすことになります。オリゲネスの後見人である**アレクサンドリアの司教デメトリオス**が、司教のいる前で、信徒であったオリゲネスに説教をさせたことでパレスチナの教会を非難し、反対したからでした。すでに3世紀初頭には、ヒッポリュトスの著作にも書かれているように、ローマなど大都市には、教会が組織化され、司教、司祭、助祭、下級聖品などのヒエラルヒア（位階）が形成されつつありました。叙階された聖職者の務めは、明確化され、教会の信徒とは区別されるようになっていました。

信徒オリゲネスに聖書講解をさせたという嫌疑を、パレスチナの司教たちは、否定しましたが、オリゲネスは、デメトリオスの厳格な命令に従い、すぐにアレクサンドリアに帰国しました。その15年後、オリゲネスは、異端者を論駁するために、カエサリアを通過してギリシアに派遣されました。その旅の途中で、再度同じ問題でオリゲネスが非難されないように、エルサレムの司教アレクサンデルとカエサリアのテオクティストスは、オリゲネスを按手したのです。

しかし、このことによって、さらに事態が複雑になっていきました。なぜなら、今度は、デメトリオスは、教会法に従って、オリゲネスは自ら去勢したゆえに、聖職者として適格でないという見解を採って、オリゲネスの按手に反対したからです。エウセビオスは、デミトリオスが「『彼［オリゲネス］が、隆昌し、偉大な傑出した人物としてすべての人の間で評判が高くなったのを見ると、人間の持つ弱さに負けて、全世界の監督たちに、彼の行為は常軌を逸している』と書き送った」（同Ⅵ・8・4、邦訳162頁）と記しています。エウセビオスの記述が真実とすると、オリゲネスはその才能ゆえに、時の司教から憎まれ、陥れられるという、今日でいう深刻なハラスメントを受け続けたことになります。

デメトリオスは、会議を招集し、それによって、オリゲネスをアレクサンドリア教会から追放しました。２３１年の第2回目の会議では、オリゲネスから司祭職を剥奪しているほどです。その徹底ぶりは継続し、デメトリオスの死（232年）後、オリゲネスは一度アレクサンドリアに戻りますが、デメトリオスの後継者ヘラクラスがこのオリゲネスに対する迫害と破門を繰り返したのです。

そこで、オリゲネスは、アレクサンドリアにはこれ以上いられないと判断し、パレスチナのカエサリアに向けて出発しました。ここから、オリゲネスの生涯の第二の段階が始まります。カエサリアの司教は、アレクサンドリアのオリゲネスの同僚たちの意向を無視して、オリゲネスを招き入れ、新しい神学教育のための教理学校をカエサリアに設立するためにオリゲネスの力を借りることにしたのです。捨てる神あれば拾う神ありというところでしょうか。同時に、分裂と創成を繰り返す教会や神学の教育機関は、古代教会のエネルギーの大きさを示すものです。教父の思想の本質を、神学思想からだけではなく、このような時代の背景とその時代を生きた教父たちの具体的な活動から見ることが重要です。

オリゲネスは、その後20年間この教理学校の教育に携わることになります。カエサリアの地で、グレゴリオス・タウマトロゴスが、オリゲネスのもとを去るにあたって、先に言及した告別の辞を述べました。この価値ある文書によれば、カエサリアでの教育課程は、実際上はアレクサンドリアのそれとほぼ同じであったことがわかります。すなわち、学びの導入となる哲学の学習を奨励したあと、学問教育のための内的な訓練を学生たちに施しながら、予備的な学問、すなわち論理学、自然科学、地理、天文学が講じられ、最後に倫理学と神学の教育が行われました。倫理学の学びは、道徳問題の理性的な議論というよりも、いかにより善い人生を生きるべきかという哲学の教授が行われました。グレゴリオス・タウマトロゴスによれば、オリゲネスは、自分の生徒たちに、神の存在と神的摂理を否定するような哲学者以外の古代の哲学者の著作をすべて読むように指導したと伝えています。

２４４年ごろ、オリゲネスは、アラビアに再び出かけます。そこで、オリゲネスはボスタラの司教ベリュルスのモナルキア主義の謬説（びゅうせつ）を批判しました（同VI・33、邦訳199頁）。その後、デキウス帝の時代の迫害の嵐が吹き始めます。オリゲネスは、この時期に逮捕監禁されて、拷問を受けたと思われます。この時受けた傷が原因で、２５３年にツロで死去しました。69歳の生涯でした。

カエサリアのエウセビオスは、次のように記しています。

オリゲネスの［残した］多くの書簡には、迫害のときに彼を見舞った災禍の性格や程度、そしてその結末について、真実で正確な記述がある。すなわち、邪悪な悪霊（デキウス帝）が彼にたいしてその全軍を配置し、そしてあらゆる陰謀と権力を行使し、そのとき戦いを仕かけた他の誰にたいしてよりも彼を攻撃したこと、オリゲネスがクリストスの御言のために耐え忍んだ足枷や種々の拷問、獄の片隅でその肉体に加えられた鉄器具による刑罰、何日間も木の台の上で両足を引き伸ばされた拷問、火刑、敵が科し彼が頑強に耐えたその他すべてのもの、裁判官が彼を処刑させないために努力したこと、これらの［拷問の］後で彼が残した言葉——それは慰めを必要とする者には非常に有益で有る——等々である。

（同VI・39・5、邦訳203〜204頁）

オリゲネスの神学思想

オリゲネスの神学思想を知るためには、彼の残した聖書注解、講解説教などの分析が不可欠ですが、まずわたしたちが読むべきは、『**諸原理について**』（ペリ・アルコーン）です。この書物は、紀元222~230年ごろに書かれました。オリゲネスの主著と言ってよいものです。中世のスコラ学の『大全』のさきがけとも評されるように、キリスト教神学の組織的な叙述が見られます。しかし、小高毅氏によれば、内容的には、思索途上にある試論とでも呼ぶべきものと言われます。すでに、オリゲネスの時代までに、中期プラトン主義の哲学者たちが、ほぼ同名の著作を書いていることがわかっています。たとえば、2世紀のアルビノスは、『エピトメ(プラトン哲学概説)』の中で、ペリ・アルコーンという言葉を用いて、神、世界、人間、精霊について論じました。つまり、オリゲネスは、当時の教養人であった哲学者たちが、世界、人間、超越的な存在者について論じた書物の体裁に従いながら、キリスト教の神理解を前提とした体系的な書物を書こうとしたのだと思います。それが、試論の域を出なかったとしても、オリゲネスが、当時の哲学者たちの著作と同じ表題を用いて、今度はキリスト教徒として、ギリシア哲学の自然学の取り扱う問題(神、自然、人間)を考察し、同時代の人々に、キリスト教信仰の原理を提供しようとしたと考えられます(小高毅『オリゲネス』清水書院参照)。

この著作は、他のオリゲネスの著作と同じく、ギリシア語で書かれましたが、ギリシア語原典は残存していません。バシレイオスとナジアンゾスのグレゴリオスの手になるオリゲネスの著作の詞華集『フィロカリア』に収録された、自由意思と聖書解釈に関するまとまった断片(全体の約四分の二）を除くと、全文が保存されているのは、ルフィーノス（345頃〜410年）のラテン語訳によります。

まず、『諸原理について』全体の構造を見てみましょう。序文、第一部、第二部、最後に総括部分が来てまとめとなっています。

- 序　文……9項目の「信仰の規範」を掲げる
- 第一部（1巻〜2巻3）……神、理性的被造物、世界を論じる
- 第二部（2巻4〜4巻3）……序文の9項目に関する諸問題を論じる
- 総　括（4巻4）……第一部で論じた事柄を再考する

序文で、オリゲネスは、真理はキリストの言葉と教えの内に見出されると表明します。この場合、「キリストの言葉」とは、ただ受肉したキリストの言葉のみをさすのではなく、モーセから使徒たちに至る間、彼らの口を通して語られ明らかにされてきたロゴスをも指しています。これは、オリゲネスが、ユスティノス以来のロゴス・キリスト論に従っていることを示すものです。しかしながら、オリゲネスは、「キリストを信じていると公言している人々の間にも重要な点で

不一致が存在している」ことも認めます。このために、「確実な原則とはっきりした基準」なるものが求められると考えます。それが、「使徒たちから受け継がれ、守り継がれて、今に至るまで教会内に保たれている教会の教え」なのです。これが、「**使徒的伝承**」であり、キリスト教信仰の規範となるものと考えられました。オリゲネス神学はここから出発するのです。このようなオリゲネスの考え方は、そもそもキリスト教がどういう考え方をするかを示しています。キリスト教は、古代のヘレニズム文化の多様な宗教的価値観や文化の中に生まれましたから、当初から、自分たちの信仰のアイデンティティや信仰共同体のアイデンティティをどう担保するかに大きな関心を持っていました。アイデンティティを求めると、それを根拠づける規範や基準が問題となります。古代では、聖書は形成途上にありましたから、聖書の諸文書とともに、一定の定式化された言葉や文書が形作られ、「**信仰の基準**（regula fidei（レグラ フィディ））」として継承されていました。オリゲネスの『諸原理について』の序文は、そういう規範となるものを使徒たちから受け継いで、教会内に保持されている信仰定式、信仰内容として提示しています。

しかし、その内容は、ただ単に継承保持されているだけでは、新しい共同体形成の源にはなりませんでした。時代の言葉に、それらが翻訳され、再解釈されるところから、新しい神学的な営みが始まります。古代教父とは、そういうアイデンティティ形成のための新しい試みに果敢にチャレンジした人々なのです。

オリゲネスは、神については、中期プラトン主義の神観念を受け継いで、「唯一の元(はじめ)」「万物の根源」という言い方をします。神は、「純一な知的存在であり、自らの存在にいかなる添加をも許さない御者であると考えるべきであり、あらゆる知的存在すなわち精神の始原であるところの源泉である」「最も名状し難く最も計り難く卓越している者」「いかに純粋で澄んだ精神であろうと、人間の精神の眼差しでは神の本性を捕えることもできず、一瞥(いちべつ)すらできない者」などと表現しています。オリゲネスは、聖書が証言する神を、中期プラトン主義の最高神概念を用いて描きます。

しかし、オリゲネスは、哲学的な言葉や概念を用いることはあっても、聖書の神理解から完全に離れてしまったわけではありません。オリゲネスによれば、聖書の神は、自ら与え尽くす善そのものであるが故に、絶えず善を行わずにはいられない方でした。神は、父と子と聖霊という三位の固有の在り方を保ちつつ、諸霊の存在する不可視的な世界までも創造しました。これら不可視的な諸存在は、人格的で自由なる存在ではありますが、時にその自由を誤って用いることによって、悪魔のように神から離反することもあります。この世界は、可視的な被造物の総体として創造されていますが、不可視的な諸存在による自由の誤用によって、神からますます疎遠になって、暗黒化の範囲が拡大していくと考えられました。しかし、この世界は、神の愛と摂理によって、滅びるのではなくて、なお保たれ続けているという恵みの内にあります。

オリゲネスにとっては、神の愛の決定的なあらわれが、ロゴスの世界への派遣という出来事です。神は、御自分の完全なる似像として御子を生まれさせました。御子は、「見せかけではなく、真に生まれ、苦しまれたのであり、［すべての人に］共通な死によって、真に死なれた。そして真に死者の中から復活され、復活の後に弟子たちと語り、［天に］あげられたということである」（『諸原理について』1・序・4）とオリゲネスは、『諸原理について』の冒頭部分で述べています。この部分は、オリゲネスが、教会の伝承として受け取った教えです。明らかに、仮現説的なキリスト理解が退けられ、御子の真の苦難と死、復活と高挙という信仰の基準が明記されています。

御子イエス・キリストは、私たちとまったく同じ人性をとられたのです。しかし、ここでオリゲネスは、ロゴス・キリスト論の抱える難問に直面しました。ロゴスなるキリストが、天父なる神と同じ存在であることを、人間の父と子の関係を示す「生誕」という言葉で表すならば、どうしても、そこに天の父なる神の先行性が前提とされてしまうことになります。そこでオリゲネスは、「永遠なる生誕」という概念を用いて、父なる神と御子との関係は、神の内在的な関係であって、時間に先立つものであることを明らかにしようとしました。

オリゲネスによれば、神の独り子の誕生は、「精神から意思が生じるような」ものであり、その生誕は、「全くユニークなものであり、神にふさわしいものであった」と言われます。「光から輝きが、永久に生ぜしめられるように、御子の生誕は、『永遠、永久の出生なのである』」（『諸原理について』1・2・4、邦訳65頁）と断言しています。

さらに、オリゲネスにあっては、キリストは真に肉体を持ったのと同様に、真に魂をも持ったと考えられました（『諸原理について』2・8・2）。このキリストの魂は、創造の始原から神の知恵・ロゴスとしての神の御子と分かちがたく一致していたと考えられています。「常にロゴスのうちに、常に知恵のうちに、常に神のうちに置かれていたキリストの魂の行動と理解のすべては、神に集中している。そしてそのゆえに、この魂は神のロゴスとの一致によって不断に燃焼しているものとして不変性を所有しているので、可変的なものとは言えない」とも言います。オリゲネスにあっては、このようなキリストの魂が、「神と肉体との結び目となって」「神人」としてこの世界に生まれ、神の救いの営みを実現していくと考えられました。このキリストによって、善を選ぶことができ、理性的な存在者として、元来人間が有していた原初の状態に回復して、人間は救済されるのです。「神がすべてにおいてすべてになる」（Ｉコリント15：28）とは、まさにこのような事態を指しました。オリゲネスは、「一なる始源から出発した多くの種々異なったものは、再び神の善良さによって、キリストへの服従、聖霊との一致によって、始源に似た一なる終極へと導き戻される」（『諸原理について』1・6・2）と語っています。このような考え方は、**アポカタスタシス**（原初状態への回復、万物の復興）と呼ばれました。のちに「万物」には悪魔も含まれるのであれば、オリゲネスは「悪魔救済」を説いていると批判され、彼が異端宣告を受ける理由となりました。

最後に、聖霊についても、オリゲネスは、積極的に考察を加えています。オリゲネスによれば、聖霊もまた実体を有し、根源的な善であると考えられ、父なる神から発したものと言われます（『諸原理について』1・3・1）。聖書の証言から、救いをもたらす洗礼が、卓越した三位全体の権威、すなわち父と子と聖霊の名を呼ぶことによってしか全うされない程、つまり生まれ出る父なる神とその独り子に聖霊の名が加えられる程、聖霊がすぐれた権威と威厳を持つ存在（substantia）であるとされているのです。ここには、聖霊の実体性と洗礼の関係がはっきりと示されています。また、オリゲネスは、聖霊の特別な働きにも注意を向けます。特に、理性的な存在でありながら、悪を行う者や改心をしない者には、聖霊の働きは及ばないと考え、「既に改心した者、イエス・キリストの道を歩む者、即ち善業をない、神のうちに留まる者にのみ及ぼされる」（『諸原理について』1・3・5）とも述べています。

第10章　キリスト教公認と教父

アレイオス論争の勃発

三世紀初頭のディオクレティアヌス帝の大迫害が止むと、しばしキリスト教会は、迫害の恐怖から解き放たれて、平和の時代を待望することができました。**キリスト教の公認**は、３１３年に、コンスタンティヌス大帝が、**ミラノ寛容令**を発布したために、起こります。皇帝は、ローマ帝国内の諸宗教の存立を認めたために、キリスト教も事実上、公認されることになったのです。

コンスタンティヌスによる国家政策の変更は、キリスト教の歴史に大きな変化をもたらします。それまで迫害されていた宗教が、国家によって護持され、支援されることになりました。コンスタンティヌスの母后（ぼこう）ヘレナは、多額の寄進をして、聖墳墓教会の建立を助けました。コンスタンティヌスが、夢でみた兵士の盾に描かれたキリストの十字架のしるしは、今やローマ帝国を守護する神の象徴となり、衰退しつつあるローマ復興のシンボルともみなされるようになります。

しかしながら、キリスト教の公認は、また別な意味でキリスト教会にとっては、それまで経験したことのない論争と闘争に明け暮れる試練の到来を意味しました。318年から、公認されたばかりのキリスト教会は、**アレイオス論争**によって、分裂していくからです。

論争の発端は、北アフリカ、**アレクサンドリアの司祭アレイオス**が、キリストは一被造物であって、父なる神によって造られた存在であると主張したところにありました。アレイオスは、福音書が証言する十字架で苦しみを受け、死をも引き受けたイエス・キリストの姿から、人間の救済とは、人としてのキリストが、ちょうどストア派の語る賢者（ソフォス）のように、徹底して父なる神の意志に従うところにあると考えました。アレイオスの神学の背後には、独特な救済理解がありました。19世紀以来推測されてきたようなアレクサンドリアの哲学的な伝統を反映して、独自の哲学的な思索に由来する独一神論に基づいて、キリストの神性をより劣ったものと考えたわけではありません。むしろ、人として地上を生きたキリストの人性の卓越性と受苦という現実から、キリストは天父の意志に御自分を合致させた救済者であられたが、存在論的に天父と同一視することはできないと考えました。

つまり、アレイオス主義は、教会外の哲学に影響されたキリスト教徒たちの思想ではなくて、聖書が証言する人としてのイエス・キリストの姿をある意味で真剣に受け取り、独自の救済論や聖書理解を築いた人々の神学思想ととらえるべきです。

公認されたばかりのキリスト教は、アレクサンドリアの司教座が主張する教理とアレイオスらが主張する教理をそれぞれ支持する両派に分裂するとともに、それぞれの背後に支持母体の世俗の権力がついて、権力闘争へと発展していきます。ナイル川をさかのぼったところにあるリュコポリスの司教であった**メレティオス**は、アレイオスの陣営に加担したことで、メレティオス傘下のエジプトの土着の司教たちは反アレクサンドリアの司教座教会という立場をとるようになります。つまり、アレクサンドリアの司教区内の分裂は、エジプト全体に拡大し、後に正統と異端と呼ばれる対立が生じます。

結局**アレクサンドリアの司教アレクサンデル**は、アレイオスを召喚して、自説の撤回を求めますが、アレイオスはそれに応じず、アレクサンドリアの町を追放されます。その直後に、アレイオスは、当時の有力司教であったニコメディアのエウセビオスに宛てて自分の立場を支持してくれるよう求める手紙を書いています（ニコメディアのエウセビオス宛の手紙が残存する。『中世思想原典集成2 ―― 盛期ギリシア教父』所収）。

アレイオスがアレクサンドリアから追放された318年が、いわゆるアレイオス論争の勃発の年とされています。この論争には、多くの教父たちが参加しました。アレイオスの主張に反対したアレクサンデル、その後継者アタナシオス、ラテン教父で西方のアタナシオスと呼ばれたポアティエのヒラリウス、そして4世紀半ばのカッパドキアの三教父、さらには5世紀初頭のアウグスティヌスなどです。

彼らの主張は、325年の**原ニカイア信条**、381年の**ニカイア信条（ニカイア・コンスタンティノポリス信条）**などに反映されます。同時に後にニカイアの信仰という言葉でまとめられるようになる「正統説」となります。現在のキリスト教の教理の根幹となる部分が、これらの教父たちの戦いを通して形成されていきます。

アタナシオスの登場

さて、公認されたばかりのキリスト教会内部に、いわゆるキリスト論をめぐる深刻な対立が生じると、キリスト教を国家のイデオロギーとして護持しようと望んだローマ皇帝コンスタンティヌスは、325年ニカイアに最初の公会議を招集し、皇帝臨席の下、教会の一致を目指して**原ニカイア信条**を採択させ、「**御父と御子の同質**（ホモウシオス）」という文言によって、いわゆる正統信仰の確立をはかりました。ニカイア会議は、コルドバのホシウスを議長として、地中海世界に拡大していたキリスト教会の代表者である司教が300人以上参加して開催されたと伝えられています。交通費、滞在費などの諸費用は、皇帝が負担し、集まった司教たちの討議が実際に行われました。この会議についての同時代の証言には、カイサリアのエウセビオスの「教区民にあてた手紙」(『中世思想原典集成2 ── 盛期ギリシア教父』所収)があります。ただし、この手紙は、会議の直前にアレイオス派の嫌疑をかけられていたエウセビオスの自己弁明の色彩が強く、記されている内容が歴史的事実であるかどうかについては議論があります。

ニカイア会議後も論争は続き、アレクサンデルの後継者となったアタナシオスが歴史の前面に登場します。**アタナシオス**は、3世紀末(298年頃)にうまれ、アレクサンドリアの司教アレクサンデルに見出されて育てられ、325年のニカイア会議に参加し、その後アレクサンデルの死後、328年にアレクサンドリアの司教に就任することになります。

アタナシオスは、先のアレイオスの教説に一貫して反対しました。政治情勢の変化とともに、彼の立場や正当性も揺らいだので、結局アレクサンドリアの町から5回も追放され、波乱万丈の生涯を送りました。それでも、御子は一被造物であるというアレイオスの教説の過ちを論駁し続けました。「アタナシオスは世界を敵に回した」Athanasius contra mundum(アタナシウス コントラ ムンドゥム)(日本のことわざでは、「孤軍奮闘」でしょうか)ということわざが後に生まれるほど、戦いの人生を送ったことで知られています。

アレイオスは、新約聖書の福音書の記述を一方的に解釈し、ナザレのイエスの無力さ、十字架上での死ゆえに、御子イエス・キリストは、神と等しい方ではなく、神より少しく劣った救い主であると主張し、ある意味で合理的な教えを展開したと言えます。これに対して、アタナシオスは、主イエスは確かに十字架の苦難と死を経験されたが、単に無力な方ではなく、神の力であり、神の言（ことば）であり、生命そのものであることを確信しました。神と等しく、本質を同じくするお方であったゆえに、御子イエス・キリストが肉体をとって、わたしたちとまったく同じ人間になられたことの恵みの大きさと救いの意志をそこに読み取ることができたのです。

アタナシオスは、『言の受肉』の中で、「主は無力な方ではなく、神の力であり、神の言であり、生命そのものである」（『言の受肉』4、邦訳『中世思想原典集成2 ―― 盛期ギリシア教父』95頁）と明言しています。

アタナシオスの主張は、381年のニカイア信条（ニカイア・コンスタンティノポリス信条）の文言に反映しています。「主はすべての時に先立って、父より生まれ、光よりの光、まことの神よりのまことの神、造られずに生まれ、父と同質であり、すべてのものはこの方によって造られました」。ここには、天の父なる神と御子イエス・キリストが**同一の本質**を持つことが讃美頌栄の形で告白されています。

4世紀のキリスト教公認以後に、正統と異端の問題が生じ、古代教会はこの問題の解決に心血を注ぐことになります。しかし、4世紀半ばまでは、何が正統で何が異端であるか、定まった基準を持たない中で、教会を突き動かしてきたものは、聖書という規範であり、礼拝の慣習と伝統でありました。アタナシオスは、何が正統であるかという問いに対する回答を模索した人物です。その模索の中で形成された教会の信仰が、原ニカイア信条（325年）とニカイア・コンスタンティノポリス信条（381年）に結実した「公同信仰」です。公同信仰は、父と子と聖霊なる神への信仰を告白したものであり、御父と御子との同質性、聖霊もまた御父と御子と並んで礼拝され、崇められる神として告白されるとともに、この聖霊によって生み出され、導かれている教会を、「一であり、聖にして、使徒的、公同の」教会と言い表しています。この基本信条と呼ばれる古代の信条が告白する信仰内容こそ、後のキリスト教の歴史で展開される信仰の土台となりました。つまり、ローマ・カトリック教会も、東方教会も、さらにはプロテスタント教会も、信仰の土台として聖書とともに公同信仰を言い表した諸信条を継承します。

この公同信仰すなわち普遍的な信仰こそ、いつどこでも誰にでも共有される信仰として、「正統」の指標となりました。日本では、多くの人々には、キリスト教信仰もキリスト教系の新興宗教も区別がつきませんが、キリスト教自体は、教父の時代より、正統性を模索し、そのための幾多の論争と戦いを積み重ねてきたのです。チェスタトンは、「正統は何かしら鈍重で、単調で、安全なものだという俗信がある。……だが、実は、正統ほど危険に満ち、興奮に満たものはほかにかつてあったためしがない」(『正統とは何か』チェスタトン著作集1、春秋社、邦訳180頁)と語りましたが、これは、古代教父の時代にもあてはまります。

わたしたちの教会は、今もこのニカイアの信仰に生きていると言ってよいでしょう。わたしたちが信ずる主イエス・キリストは、志半ばで処刑された革命家でも、すぐれた教師でも道徳家でもなく、神の御子です。しかも、この神の御子が十字架にかかり、わたしたちの罪の赦しのために、苦難を経験し、最後には死すら耐え忍んでくださいました。

十字架上で、はげしい苦難と死を経験したイエス・キリストは、復活によって、真の神の御子であることを明らかにしてくださったのです。わたしたちは、聖書の証言から、復活の主こそ、神と等しい方、神と本質を同じくする方であり、この方によってはじめて罪赦され、救われるという信仰に立って教会生活を送っています。このような信仰を聖書から与えられ、自らの著作に結実させていったのが、4世紀のニカイアの教父たちだったのです。

4世紀の聖霊論——父と子とともに礼拝されあがめられる聖霊

アタナシオスとアレイオスの論争の中心は、キリストがどのような方であるかという点をめぐるものでありました。350年代になると、聖霊もまた父なる神や御子イエス・キリストと等しいのか、あるいは聖霊は一被造物なのかという問いが提起されるようになります。北アフリカのツムイスの司教であった**セラピオン**は、自分の町に聖霊の神性を否定する人々が出現したので、**アレクサンドリア司教アタナシオス**に、聖霊もまた神と呼ぶべきかどうかを問い合わせました。

このとき、司教アタナシオスは、その問いに答えて、『セラピオンへの手紙』(邦訳、小高毅訳『アタナシオス・ディデュモス「聖霊論」』創文社)を書きます。この手紙の中で、アタナシオスは、聖霊もまた一被造物ではなく、神の神性に固有のものであると断言します。聖霊もまた、御父と御子と同じように神であり、御父と御子とともに礼拝されあがめられるべきだというのが、アタナシオスの考えでありました。

> 神の「霊」は天使でも被造物の一つでもなく、「神」の神性に固有のものであられるのです。なぜなら、「霊」が民のもとにおられた時、神は御子を通して、「霊」において、彼らのもとにおられたからです。(『セラピオンへの手紙(一)』12、邦訳51頁)

聖霊と人間の諸霊は、日本の文化的風土に限ったことではなく、古代のヘレニズム世界でも、しばしば混同されました。宗教的な恍惚経験から、自分の熱心さや信心、さらには特異な宗教経験、憑依（ひょうい）経験などが、あたかも聖霊経験であると勘違いされることもありました。あるいはカリスマ的人物が、聖霊の受容者であると考えられることも珍しいことではありませんでした。すでに指摘しましたが、2世紀には、小アジアのフリュギアで、モンタニズムと呼ばれる聖霊運動が急速に拡大し、組織化されました。しかし聖書が示すように、聖霊は、わたしたちがイエスこそ主であると言い表すことを可能にする神ご自身であって、聖霊と聖霊経験は混同されるべきではないという主張が教父たちから出てきます。言い換えれば、聖霊は、御父と御子とともにあがめられ礼拝される人格を持った存在であり、私たち人間の経験や資質に還元できないものという理解です。聖霊が、人間の霊とはまったく異なるという点を自覚したことで、**三位一体の諸位格の理解**が深まったことは確かです。

4世紀にニカイア神学は、聖霊をこの世界に属する諸霊の一

つではなくて、父なる神とキリストとの密接なつながりのうちに考察するようになります。4世紀の**アレクサンドリアのディデュモス**という教父の書いた『聖霊論』には次のように記されてています。

聖霊と御子とが常に使徒たちのもとにおられるとすれば、当然、御父も彼らとともにおられることになる。御子を受け入れる者は、御父をも受け入れるのであり、御子は御自分の到来にふさわしいものである者たちのもとに、御父と共に住まわれるからである。また、聖霊のおられるところには、直ちに御子もそこに見出されるのである。(『聖霊論』28)

ディデュモスは、アタナシオスとほぼ同時代に生き、アレクサンドリアの教理学校の校長をつとめた盲目の神学者です。幼くして視力を失いましたが、すぐれた学識と霊性を持ち、アレクサンドリアの町で多くの弟子たちに影響を与えました。ルフィーノス、パラディオスなど、当代きっての神学者がかれのもとから輩出しました。有名なウルガータと呼ばれるラテン語聖書を翻訳した**ヒエロニムス**も、ディデュモスの下で学んだことがわかっています。彼はわずか30日間学んだにすぎなかったのですが、その学恩を生涯忘れず、ディデュモスを「わが師」と呼び続けました。

現存するディデュモスの著作はわずかですが、その代表作が『聖霊論』です（邦訳、『アタナシオス・ディデュモスの「聖霊論」』創文社）。この書物の中で、ディデュモスは、聖霊が決して一被造物ではなく、父なる神、御子イエス・キリストと同一の本質を持つ神であることを弁証しました。アタナシオスと同じく、父と子と聖霊の三位一体なる神への信仰こそ、聖書と信仰の父祖たちの伝える福音そのものであると確信していました。

「聖霊のおられるところには、直ちに御子もそこに見出される」という言葉によって、聖霊が何か神秘的で、不可解な霊力や霊魂ではなくて、今も生きて働き、わたしたちとともにいます復活の主御自身であることが明らかにされています。キリスト者は、自分の力、自分の霊力によって生きるのではなく、この霊の力すなわち復活の主ご自身によって生かされて、救いへと導かれるのと考えられているのです。

第11章　古代教父の救済論――アタナシオスの神化論をめぐって

すでに説明してきましたように、4世紀のキリスト教公認の時代には、キリストとは誰であるかについての神学的な考察、つまり後にキリスト論と呼ばれる分野での正統と異端の論争が長く繰り広げられましたが、いかにして人間の救済が可能かという救済論の分野では、比較的自由に教父たちは思想を表明しました。古代ギリシア教父には、悪魔に対する勝利としての救済のモチーフや神化論と呼ばれる救済理解が混在していました。ここでは、わたしたちには、あまり馴染みのない神化（テオポイエーシス、テオーシス）の思想を紹介しましょう。神化論は、使徒教父や弁証家にもみられる考え方ですが、何といってもアタナシオスの著作に明確に示されています。『言の受肉』の有名な一節は次の通りです。

「実にこの方が人となられたのは、われわれを神とするためである。」（アタナシオス『言の受

肉』54章3節）

「この方」とは、言うまでもなくイエス・キリストです。神の御子の受肉は、「われわれ」すなわちわたしたち人間を「神とするためである」と語られます。「神とする」（神化）という語は（ギリシア語でテオポイエオー）、人間が神のようになるとか神と等しくなるという意味ではなくて、アダムの堕落によって失った原初の不死性や不朽性を回復することを意味しました。

新約聖書でもコロサイの信徒への手紙1章15節では、「見えない神の姿である」御子イエス・キリストこそ、原初の人間に刻まれた神の似像であり、その回復が真の救済であると語られています。

4世紀のニカイアの教父たちは、2世紀半ばにユスティノスによって提唱されたロゴス・キリスト論を受け継ぎながら、**イエス・キリストの受肉と救済の問題**に思索を集中しました。ヨハネによる福音書の冒頭部分が、ロゴス・キリスト論の発端となったことは言うまでもありませんが、同時に、古代教父たちは、神と共に存在する永遠不滅のロゴスが肉体をとって人となった受肉の出来事と受肉した御子の死と復活の出来事、さらには人間という肉体を持つ存在の救いの問題を、プラトン哲学やストア哲学の言語や概念を用いて、合理的かつ説得的に説明することを神学の課題と認識していました。

このような課題は、すでに概観した2～3世紀のグノーシス主義との対決や4世紀のアレイオス派との論争などによって、教会に突き付けられることになったのです。2～3世紀には、エイレナイオス（ギリシア教父）とテルトゥリアヌス（ラテン教父）が、それぞれグノーシス主義の徹底した論駁を行いました。その理由は、可視的な物質世界に対する否定的な見方と真理の認識（グノーシス）が救済につながるというグノーシス主義の思想が、キリスト教の救済理解と相反すると考えられたからに他なりません。

アタナシオスの先の命題は、2世紀半ば以降のロゴス・キリスト論の救済理解がニカイアの教父に継承されて結実した言明です。それはグノーシス主義の救済理解の徹底した排斥を可能とするとともに、4世紀に台頭したアレイオス主義の救済理解を退ける「武器」となりました。

ここでもう一度、繰り返しを厭わずに、**アタナシオスの生涯**を振り返ってみましょう。アタナシオスは、298年頃に生まれて、328年に司教アレキサンドロスの後継者としてアレクサンドリアの司教職に就きました。この時期に『言の受肉』が書かれます。318年からアレイオス論争が始まり、公認されたばかりのキリスト教会は、内部で二つに分裂します。アタナシオス自身も、司教就任後に、当時の政治動向に左右されて、5回のアレクサンドリアからの追放という憂き目を経験することになりますが、後に「正統」と呼ばれる信仰を一貫して擁護し、ニカイアの教父たちの指導者となりました。

335年の**ツロ会議**後に、申し立てられたアタナシオスの「犯罪」が有罪とされて、ガリアへと追放されます（第1回追放）。その後、337年のコンスタンティヌス大帝の死去とともに、アレクサンドリアに帰還しますが、コンスタンティウス二世の東方での登位によって、再度ローマに流刑になります。この第2回の流刑時代に、『アレイオス派駁論』『セラピオンへの手紙』を書き、その中で「神化」に複数回言及しています。346年には、2回目の流刑から帰還し、およそ10年間、アレクサンドリア司教としてつとめにあたりますが、356年になるとコンスタンティウス二世の支持勢力がアタナシオスを逮捕しようとしたために、砂漠の師父たちの間に身を隠すことになります（第3回追放）。この時期に、『ニカイア公会議の宣言について』『アリミヌムとセレウキアの会議について』『アントニオスの生涯』などを執筆しました。これらの著作には、「神化」についての言及はわずかです。361年にコンスタンティウス帝が死去すると、アタナシオスは再度アレクサンドリアに帰還しますが、すぐに皇帝ユリアヌスの圧迫が始まり、エジプトの修道士の間に身を隠すことを強いられました（第4回追放）。363年にユリアヌスが死去すると再度帰還します。364年から、上エジプトを旅し、パコミオスの修道院を訪問しました。

365年には、ヴァレンス帝の圧迫によって、第5回目の追放となり、この時期も砂漠の修道士たちの間に身を隠したことがわかっています。こうして、生涯5回にわたる追放を経験しながら多くの著作を残し、373年に死去しました。

アタナシオスは、自身の著作の中で「神とする」（テオポイエオー）という言葉を異教のコンテキストでは20回、キリスト教のコンテキストでは30回使用しています。最初に使用された例が、先に引用した『言の受肉』54章3でした。

3～4世紀は、傑出したローマ皇帝や英雄が神々として祀り上げられ、「神化」されることもありました。4世紀の教父たちが、「神化」という言葉で、皇帝や異教の神々のようになることを想起したのは当然です。そのような意味で、アタナシオスの著作には、「神化」という言葉を異教のコンテキストで使った用例も存在しています。

しかし、『言の受肉』54章は、明らかにキリスト教のコンテキストで独自の意味で「神化」という言葉を用いていることがわかります。アレキサンドリアのクレメンスまでは、詩編82編6節の「わたしは言った。『あなたたちは神々なのか……』」という言葉の「神々」とは誰を意味するかをめぐって議論が交わされていました。2世紀半ばのユスティノスは、「神々」をキリストに従う人々と解釈し、2世紀後半から3世紀前半を生きたリヨンのエイレナイオスは、「子ら」と結びつけて、「神々」とは、洗礼を受けたクリスチャンであると解釈しました。そこから、彼は受肉と人間の救済について以下のように述べています。

この故にこそ、みことばが人となった。神の子が人となった。［それは人が］みことばと［混ぜ合わされ］、子とする［恵み］を受けて神の子となるためであった。私たちは、不滅性と不死性とひとつにされるのでなければ、それ以外の方法で不滅性や不死性に参与することはできなかったからである。

（『異端反駁』3・19・1、小林稔訳『キリスト教教父著作集　第三巻I、エイレナイオス』教文館）

エイレナイオスは、人間の救いとは、堕罪によって失われた人間の似像の回復、すなわち原初の人間に与えられた不滅性と不死性の回復であると考えていたことがわかります。エイレナイオスの思想を引き継いで、アレクサンドリアのクレメンスも、人間が神の似像の回復によって、存在にからみつく死や滅びという本性から解き放たれて、御子によって完全な子とされることが救済であると考えました。

オリゲネスもまた、クレメンスと同様の救済理解を共有していましたが、神化は、クレメンスが考えたような倫理的な純化によるキリスト教的なグノーシスへの参与というよりも、御子と聖霊の働きによって、理性（ヌース）を有している被造物である人間の神への参与であると考えました。アタナシオスは、オリゲネスのモチーフをさらに展開するとともに、救済論とキリスト論、そして三位一体論を結び合わせて、神化についての考察を深めていったのです。つまり、ギリシア教父特有の神化としての救済という思想も、3世紀から4世紀にかけて、発展の歴史があり、先のアタナシオスの『言の受肉』の思想に至るのです。

さて、『言の受肉』は、『異教徒駁論』とともにアタナシオスの初期の著作の姉妹編をなしていました。司教への任職にあたり、アタナシオスの自身の受肉理解、キリスト理解、神理解を表明する目的があったと思われます。

『言の受肉』54章3節は、「この方」すなわちイエス・キリストが人となられた理由を述べています。「わたしたちを神とするためである」とは、いささか唐突で、プロテスタント神学に慣れ親しんだ私たちには違和感を与えるかもしれません。しかし、すでに指摘した神化論の歴史的な系譜に照らせば、その意味するところは明らかです。

アタナシオスは、エイレナイオスと同じように、堕落した人間は、神の似像を失って、原初状態の不死や不滅を保っていた状態から、死と滅びにさらされる無の状態に逆戻りしたと理解していました。そこで、御子の受肉は、人間が死と滅びに瀕している状態から原初状態へと回復されるために、神が備えてくださった道であり、私たち人間を神とするための出来事と理解されました。この場合、「神とする」とは、人間が、その存在や本質において神になることではなくて、神の御子の本質に参与する（メテコー）ことによって、御子の不死性や不滅性をいただくことなのです。

アタナシオスは、第2回追放時に『アレイオス派駁論』*Contra Arianos*（CA）を書き、そこで「神化」について多く語るようになります。「神化」は、アレイオス論駁の主要な武器として、アレイオス派の救済論とキリスト論の問題点を明らかにするものとなっていきます。

アレイオス派は、イエス・キリストが御子であるのは、御父である神の神性に参与しているからだと考え、御子こそが神化された存在であるという議論をしています（CA 1. 9）。御子は、御父なる神の神性に参与する限りにおいて神性を持ち、その神性によって人間を救済するのです。すでに言及したように、アレイオス派の運動は、アレクサンドリアの司祭であったアレイオスが、御子は一被造物であり、御子が存在しないことがあったと主張をすることから始まりました。やがて公認されたばかりのキリスト教会はアレイオスの主張を支持するアレイオス派とそれに反対するアレクサンドリアの司教座を中心とする後の「正統派」の間で、激しい論争と権力闘争を繰り返すことになります。

アタナシオスは、アレクサンドリアの司教としてこの論争に関与し、徹底してアレイオス派の主張を論駁しました。アタナシオスの主張は次のようなものです。創造者である神と無から創造された世界の根本的な差異にもかかわらず、御父と等しい本質を持つ御子は、人間の救済のために人となって地上に生きてくださった。御子の受肉は、御子の神性の放棄や減少によって生じたのではなく、神性をそのままに保ちつつ、仲保者となってくださった出来事であった。つまり、救済は、仲保者の内的な本質と御父と御子との内的な関係の内に起こる出来事であって、その内的な関係のうちにあり続ける受肉したロゴスに人間は結合されて、神と被造物の属性の交流から恵みを受けるのである。

そこで、アタナシオスは、自身の救済論の帰結として、『アレイオス派駁論』の中でこう述べます。「もし、肉体をとったロゴスが本性において神に由来し、神にふさわしいものでなかったなら、人間は神化されなかったであろう」(CA 3. 48)。

アタナシオスの議論は、個々の人間の神化から、人類全体の神化へと展開していきます。つまり、「実にこの方が人となられたのは、われわれを神とするためである」の「われわれ」とは、個別的な人間というカテゴリーを超えて全人類に拡大されるのです。アダムにおける人間の最初の創造は、今やキリストにおいて第二の創造つまり不死や不滅という原初に与えられた人間の本性の回復と再生という内的な創造へと向かい、それが完成へと向かうと認識されるようになります。しかも、この完成は、道徳的な進化（プロコペー）にはよらず、ロゴスがとった肉体と人間存在との一致によって生じるものです。

さらに受肉の救済的な意義は、アタナシオスの次のような言葉に示されています。「ロゴスは、人類の救いのために宿るために、われわれの間に到来した。そこでロゴスは人類を聖化し、神化するために、肉体となったのである」（CA3. 39）。アタナシオスは、さらに受肉と復活を神化と結びつけて論じています。「今や肉体はよみがえり、死に勝利し、神化される」（CA3. 48）。

アタナシオスの神化論は、『セラピオンへの手紙』では、聖霊の働きと結びつけられ、三位一体論的に展開されていきます（『セラピオンへの手紙』Ⅰ・25）。また**神化論**は、その後のキリスト教思想の歴史に大きな影響を与えました。カッパドキア教父、証聖者マクシモス、ディオニシオス、グレゴリオス・パラマス、エックハルトやタウラー、クザーヌスなどすぐに名前が浮かぶ人々もあります。同時に、宗教改革者カルヴァンの聖餐理解（『キリスト教綱要』Ⅳ・17・1以下）の中にエイレナイオスから始まるギリシア教父の神化思想がはっきりと読み取れることも注目に値します。**神化の思想の鉱脈**は、プロテスタント神学においてはほとんど忘れ去られていたと言ってよいのですが、現代の神学的な課題と礼拝、伝道のビジョンを提供する鍵となると筆者は考えています。

第12章　ギリシア教父と哲学——悪の問題とのかかわりで

はじめに

「古代ギリシア教父におけるキリスト教と哲学」を概括的に論じることは簡単ではありません。ユスティノスから始まって、アレクサンドリア学派、ニカイアの教父、カッパドキア教父など、個別的な教父の吟味検討が不可欠なだけでなく、各著作、各該当箇所の分析と解釈という膨大な作業を要するからです。そこで、本節では、この主題を概括的に論じるのではなくて、前節で紹介した**アタナシオスの神化論**という一点に絞って、この思想が古代ギリシア哲学とどのように接触し、また哲学思想とどう相違しているかを考察してみたいと思います。その際、プラトン哲学とその傍流であるプロティノスの神化論を顧慮することによって、アタナシオスの神化論の思想的な独自性を考察してみたいと思います。

プラトン哲学とその傍流の神化論

プラトン哲学には、神化（theosis）論のルーツとでもいうべき思想が存在します。プラトンは、『国家』の中で、「正しい人」は、現在どれほどの苦難を負っていても、最後には善い報いを受けると述べて次のように結論づけています。

すすんで正しい人になろうと熱心に心がける人、徳を行なうことによって、人間に可能なかぎり神に似ようと心がける人が、いやしくも神からなおざりにされるようなことはけっしてないのだから。（プラトン『国家』（613a8-b1）、藤沢令夫訳『プラトン全集』11、岩波書店、738頁）

ここには、徳の実践が、「神に似ようとすること」、言い換えれば「神化」を求める人間の不可欠の前提となるという思想が見られます。この徳を市民的な徳と理解するか、あるいは観想的・浄化的徳ととらえるかは、プラトンの神化論をどう理解するかという後の問題とも関連します。結論を先取りして言えば、プラトン自身の中には両様の徳の理解があり（プラトン『パイドン』69b-e、松永雄二訳『プラトン全集』1、193頁）、加えて、可知的領域（叡智界　コスモス　ノエートス）と可感的領域（コスモス　アイステートス）を区別する二元的な思考がプラトンとその傍流の神化論の特質を規定しています。『ティマイオス』の結びの部分には、次のような一節が出てきます。

そして、さあ、万有に関する、われわれの話も、いまはもう、終わりに達したものとしようではありませんか。何故なら、死すべきもの、不死なるもの、どちらの生きものをも取り入れて、この宇宙はこうして満たされ、目に見える、もろもろの生きものを包括する、目に見える生きものとして、理性の対象の似像たる、感覚される神として、最大なるもの、最善なるもの、最美なるもの、最完全なるものとして、それは誕生したからです。そして、これこそ、ただ一つあるだけの、類なき、この宇宙にほかならないのです」（プラトン『ティマイオス』92c5-912、種山恭子訳『プラトン全集』12、岩波書店、178頁）

宇宙の可知的領域（叡智界）と可感的領域の区別は、神化論が救済の問題に接続すると、神化論に大きな展開を与えます。救済は、罪や悪からの救いと解放を意味するので、神化としての救済は、可感的領域での悪や罪からの解放という理解を生むとともに、加えて、そもそも可感的領域に救済は存在するのか、あるいは存在しないとすれば、可感的領域から可知的領域への魂の向き変えが必要なのではないかという問題が提起されます。プラトンとその後のプラトン哲学の神化論の展開を考えるとき、このような点に着目することができます。

たとえば、中期プラトン主義者**エウドロス**は、プラトンの『テアイテトス』の該当箇所を注釈して、「神に似ることが、人生の目的（テロス）である」と主張しました。『テアイテトス』の該当箇所（176b）では、プラトンがソクラテスをして、「〔われわれの道徳的本性の領域にある悪ゆえに、〕……この世界からかの世界へ逃げて行くようにしなければならんということにもなるのです。そしてその『世を逃れる』というのは、できるだけ神に似るということなのです」と言わしめています（プラトン『テアイテトス』176b、田中美知太郎訳、『プラトン全集』2）。ここには、1世紀の中期プラトン主義者たちが、徳の実践をもはや市民的な徳の実践とは理解せずに、可知的世界への魂の向け変えによる浄化的な徳の実践と理解していたことが示されています。3世紀の新プラトン主義者プロティノスにあっては、「神に似ること」は、倫理的な実践の課題ではなくて、可知的領域（叡智界）への帰還、一者への回帰、神との合一という、より高い次元における救済を意味するようになります。ラッセルの言葉を借りれば、「善を得ることが、善の元型がそこに見出される神的な世界へと上昇することを必然化する」（Russell, Norman, The Doctrine of Deification in the Greek Patristic Tradition, Oxford, 2004, p. 40）のです。

もちろん、プロティノス哲学の形而上学的な用語と思想には、始源への回帰と上昇は、人間存在の内的な帰還と表裏の関係にあることが暗示されています。そこには、地上の生をどう生きるかという課題も含まれていることは当然です。『エネアデス』I・8では（プロティノス「エネアデス」1・8『プロティノス全集』1巻、水地宗明、田之頭安彦訳、中央公論社、312頁以下）、「悪とは何か、そしてどこから生じるのか」が論じられています。プロティノスにおいては、悪とは、一者と対立する二元構造の一翼を担うような存在ではなく、あくまでも姿（スケース）、形（エイドス）、恰好（モルペー）などの基があって、少しも善を持たない存在であることが説明されています。つまり、悪の実体は、真実在に比べれば、「影にすぎないもの」だと言われるのです（同上、319頁）。

ゆえに、わたしたち人間の課題は、諸悪と戦うのではなくて、「諸悪から逃れること」であるとプラトンの『パイドン』の言葉（107D1）を引いて主張します。もちろん、この場合、プロティノスが言わんとするところは、地上から出ていくことではなくて、地上にありながら、「思慮ある人となって、人に対しては正、神の前では敬虔なる者」としてあることだということです（『テアイテトス』176a-3）。つまり、プロティノスは、プラトンに拠りながら、悪からの逃避とは、悪徳と悪徳から派生したものからの逃避であると考えていたことがわかります。

すると、悪から逃れるためには、プラトンが『テアイテトス』（176b1-2）で語ったように、ほんとうの自分を肉体から引き離し、神々の間に居場所を持つことが必要なのです。換言すれば、叡智界の知性（ヌース）との関係を保っている真の魂（プシュケー）としての自分が、感覚世界を超えて、叡智界に居場所を持つことに他なりません。

叡智界に上昇した魂は、同時に、人間自身の内側にある原理へと下降しなければならないのです（Ⅵ・3・3・20～21）。この時点で、プロティノスは、人は神となったと言います。同時にプロティノスにとって、この事態は、一者と一つになった出来事なのです（Ⅵ・9・9・58）。

同じプラトン哲学の人間論を受け継いだユダヤ人哲学者に**フィロン**がいます。彼は、天空の彼方にある神の玉座は、理性的秩序である叡智界に取って代わられたと考えました。フィロンは、悪は善なるものと対立しつつ存在するゆえに、悪を失くしてしまうことも滅ぼすことも不可能と考えます。悪は、人間という死すべき本性を持つ者の周辺に出没し、地上を跋扈（ばっこ）する必然性を有しているのです。そこで、フィロンによれば、人間は、悪の必然性をはじめから持っているゆえに、悪に抗ったり抵抗することは不毛だという議論に至ります。フィロンにとっては、悪の存在するこの世界からの逃亡が神化であり、悪を前にして、倫理的な独創力などというものは見出しえないと考えました。ただし、可感的世界において、禁欲的な共同体の生は、「徳の競技者」として、哲学から生み出されたものと理解され、当時の**エッセネ派**の禁欲共同体にその具体的姿を読み取りました（フィロン「自由論」13・88、『観想的生活・自由論』土岐健治訳、教文館、55頁）。フィロンは、『逃亡の発見』の中では、次のように明言しています。「私たちが逃げることは、できるだけの力を振り絞って、自分を神に似せることである。似ることは、知慮をもって、正しく敬虔になることである」(Philo, De fuga et inventione 62-64)。

このように、プラトン哲学とそこから生じた諸思想は、神化を悪徳からの逃避と理解していることは明らかです。逃避は、人間を含む世界の背後にある可知的領域と可感的領域の前提からすれば、不可避的な人間の行動と言えます。不可避的な行動は、人間の魂が一者へと上昇し、すべての二元性が最終的には消失し、合一へと至る帰結をもたらします(『エネアデス』VI・9・9)。この事態は、同時に、「我々は、我々自身の内側にある原理へと下降する」ことでもあるのです(同上IV・3・3・20〜21)。

このようなプラトン哲学の神化理解に対して、そもそも可知的領域と可感的領域を徹底して否定するところに生起したアタナシオス神学は、枠組みと用語こそ継承しながらも、その本質的に異なる神化論を構想することになります。

神化論と悪の問題

前章でも説明を加えましたように、アタナシオス以前にも「神化論」の思想には歴史が存在しました。アタナシオスは、エイレナイオスと同じように、堕落した人間が神の似像を失って、原初状態の不死や不滅を保っていた状態から、死と滅びにさらされる無の状態に逆戻りしたと理解しています。そこで、御子の受肉は、人間が死と滅びに瀕している状態から原初状態へと回復されるために、神が備えてくださった道であり、私たち人間を神とするための出来事であったと考えられました。繰り返しになりますが、この場合、「神とする」とは、人間が、その存在や本質において神になることではなくて、神の御子の本質に参与する（メテコー）ことによって、御子の不死性や不滅性をいただくことなのです。これは神と人との協働ではなくて、神の一方的な働きかけによって、人間が神の本質に与る（あずか）ことで可能になります。

ここで注目すべき点は、アタナシオスの神化論が、悪魔と悪との戦いのモチーフと深く結びついていたということです。従来、この点については、あまり顧みられることがありませんでした。悪魔への勝利のモチーフと神化論のモチーフは別々に論じられても、その関係性、さらにはギリシア哲学における両者の関係性の比較などは論じられることはなかったと言えます。あるいは、神化と悪魔への勝利としての救いは、それぞれ別な救済論であると考えられてきました。

しかし、悪魔との戦いと勝利のモチーフと神化論の結びつきは、『言の受肉』全体を通読すればわかります。とりわけ『言の受肉』25（邦訳99～100頁）に展開された、「天への上昇路」の開放としての救済理解から了解できるものです。アタナシオスは、主イエス・キリストの受肉の目的を次のように述べています。

われわれのために天への上昇路を開くために、主は来られたのである。これは死を通して成し遂げられねばならなかった。では、空中で遂げられた〔死〕、つまり私の言わんとするのは十字架の〔死〕のほかの死によって、これが成し遂げられたであろうか。実に、十字架の上で最期を遂げる者だけが空中で死ぬのである。このため、まさに主はこのような〔死〕を耐え忍ばれたのである。また、〔地上から〕上げられたとき、〔主は〕悪魔と悪霊どものあらゆる陰謀から大気を清められたのである。それを「私は、サタンが稲妻のように〔天から〕落ちるのを見ている」（ルカ10：18）と言っておられるのである。道を付けて、天への上昇路を開かれたことに関しても言われている、……」。（アタナシオス『言の受肉』25・6、邦訳100頁）

アタナシオスにとっての神化は、キリストの仲保を必要としますが、同時にキリストの悪魔との戦いがそこには展開されています。悪と悪魔からの逃避の結果、天に上昇し、不死と不朽を得るのではなくて、悪と悪魔との熾烈な戦いが不可避的に生じるのです。戦いは、救済の条件ではなくて、神化の過程で、避けられない事態です。キリストの十字架によって、死は滅ぼされ、力を発揮することはなくなります。「真に死は死んだことの無視しがたいしると明らかな証拠は、キリストのすべての弟子たちのあいだでは死が意に介されておらず、皆が〔死〕を踏み越えており、もはや〔死〕を恐れてはおらず、むしろ十字架のしるしとキリストへの信仰によって、〔死〕を死んだものとして踏みにじっていることなのである」（同上、27・1、邦訳101頁）。

つまり、キリストに与ることによって、神化された人間は、もはや死を恐れることなく、悪と悪魔と戦い続けます。悪はそこから逃避する存在ではなく、勝利する相手であり、勝利は、「天への上昇路」に通じます。アタナシオスは、『言の受肉』27〜31において、神の子であるキリストの十字架と復活が、いかにして悪と死への勝利をもたらし、信仰者を、それらから解放することになるかを詳述しています。このような視点から見るならば、「神化」という語句を使用してはいないものの、ロゴスにかたくより頼むことによって、悪魔の力と誘惑に勝利する『アントニオスの生涯』Vita Antonii に描かれたアントニオスの姿は、神化された人間の具体像ともいえましょう。哲学的な思索と教えは、悪魔を退け、勝利することには貢献できません。あるいはアレイオス派の教えも、救済には役立たずです。ロゴスに固着し、ロゴスの受肉ゆえに、ロゴスを讃美頌栄する者は、神に似る存在となります。かくして、『アントニオスの生涯』には、「神化」という言葉こそ直接には出てきませんが、神に似る者とされて、天に上昇する人間アントニオスの姿が書かれていることはきわめて興味深いことです。

九時頃のこと、食事をしようとした〔アントニオス〕は、祈るために立ち上がったのだった。すると、心が奪われたように感じた。驚くべきことに、〔アントニオス〕は、立っているのに、自分の肉体の外におり、空中を通って誰かに引かれていくように思われた。空中には不快で邪悪な何者かが大勢おり、彼が通り過ぎるのを邪魔しようとしていた」（『アントニオスの生涯』65・2〜3、邦訳、小高毅訳、『中世思想原典集成1　初期ギリシア教父』平凡社、821頁）。

アタナシオスは、『言の受肉』の中で、プラトンについて一度言及していますが、哲学の内容を指すものではまったくありません（『言の受肉』、43・4、邦訳122頁）。しかしながら、その他の箇所で、「ギリシア人」や「ギリシアの哲学者」という言葉で、彼らの神化思想が、不十分であり、到底納得させるものではなかったと指摘しています（同上、47・5、邦訳125頁、50・2、邦訳130頁）。

アタナシオスは、ギリシア哲学の教えによっては、真の意味で悪と悪徳には勝てないと考えていたことは間違いありません。キリストの教えを聞くや否や、悪や悪魔に支配されている人々は、戦いを農耕に代え、手を剣で武装する代わりに祈るために指し伸ばすとも述べています（52・3、邦訳132頁）。つまり、地上での、悪魔と悪霊との戦いは、キリストの教えによって、勝利へと導かれると言うのです。アタナシオスは次にように結論付けます。

要するに、互いに相争う代わりに、以後、悪魔と悪霊どもに対して武装し、貞節と魂の徳とによって彼らに打ち勝っているのである。これこそまさに救い主の神性のしるしである。それはまた、人々が偶像からはけっして学びえなかったことであり、この方〔キリスト〕の許で学んだことである。（同上、52・3～4、邦訳132頁）

ここから、アタナシオスは、その主張全体を、礼拝と頌栄のモチーフへと移行させます。

実に、彼らは以前に礼拝していたものらを捨て、かつては嘲笑していた十字架に架けられたお方をキリストとして礼拝し、その方が神であると告白して讃美しているのである。また、彼らのあいだで神々と言われていた者らは十字架のしるしによって追い払われ、十字架に架けられた救い主が全地の至るところで、神にして神の子として宣べ伝えられているのである。ギリシア人のあいだで礼拝されていた神々は恥ずべきものとして彼らの許から放逐され、キリストの教えを受け入れた人々は彼らより貞淑な生を送っているのである」（同上、53・2、邦訳133頁）。

礼拝と頌栄のモチーフの調べと共に、『言の受肉』は結論部分に至りますが、その中に、最初に述べた神化に言及した有名な箇所が出てきます。

さて、本性によって見えざる方であり、いかにしても見ることのできない方である神を見たいと思うなら、その人は業によって〔神〕を理解し知らねばならないように、知性（ディアノイア）によってキリストを見ることのできない者は、肉体〔を通してなされた〕業によって〔キリスト〕を会得し、それが人間の業か神の業か吟味するがよい。そして、もしそれが人間の業であるなら〔キリスト〕を嘲笑するがよい。しかし、もし人間の業ではなく神の業であると認められるなら、嘲笑すべきではないことを嘲笑せず、むしろこのような単純素朴な事実を通して神的なことがわれわれに現わされたこと、死を通して不死がすべてのものに及んだこと、言（ロゴス）の受肉を通して万物に対する摂理とその実践者であり形成者である神の言その方が知られたことに讃嘆するがよい。実に、この方〔言〕が人となられたのは、われわれを神とするためである。また、この方（言）が肉体を通してご自分を現されたのは、見えない父の認識（エンノイア）をわれわれが得るためである。また、この方〔言〕が人々の侮辱を耐え忍ばれたのは、われわれが不滅を受け継ぐためである。この方（言）は、苦しみえぬ方（アパテイア）、朽ちざる方、言そのものである神として、いかなる点でも損なわれることのない方であったが、人々のためにこれらの苦悩を耐え忍ばれたのであり、ご自分の受苦不能性（アパテイア）によって人々を守り、救われたのである。（傍点は筆者）

（同上、54・1〜3、邦訳134頁）

まとめと展望

スコットランドの神学者トランス（T. F. Torrance）は、自身の神学が、アタナシオス、カルヴァン、バルトと続く二元論を克服した啓示神学の系譜に属することを繰り返し論じていますが、その出発点には、アタナシオスによるロゴス論と神化論の刷新の理解があります（Torrance, T. F.;

"Athanasius; A Study in the Foundation of Classical Theology", Theology in Reconciliation, pp. 215-266, London. 1975)。

神化とは、世界を離脱して、忘我状態になることでも、一者への没入と同化、合一という出来事でもなく、人間は人間に留まり続けながら、すなわち悪と罪との戦いを回避せずに、昇天したキリストの神性と一つにされて、不死と不朽を神よりいただいて、それが礼拝とサクラメントにおいて、可視的な共同体、教会の現実になることなのです。

古代ギリシア教父の「勝利者キリスト」のモチーフが、神化論と結びつく理由もまた、悪との戦いが、人性をとったキリスト御自身の戦いによっているからです。神化する生は、不死と不朽を神性から与えられますが、同時に戦う生をキリストの人性から与えられるのです。

アタナシオス神学にあっては、哲学的な思考の枠組みは、一定程度継承されてはいるものの、神化論の中心は、もはやプラトンとその傍流の神化論とはまったく異なるものとなっていることは明らかです。アタナシオスは、このようにして、哲学と折衝しつつ、核心部分では、プラトンとその傍流の哲学とは異なる神学的思索を構築したのです。

第13章　砂漠の修道士たちの世界

——アタナシオスの『アントニオス伝』の魅力

4世紀のキリスト教の公認の時代には、古代地中海世界には、たくさんの**修道士**たちが出現します。エジプト、シリア、小アジアなどでは、たった一人で修道生活をする**孤住修道士**たち、さらに共同生活を営む**共住修道士**たちなど多様な修道のかたちが始まります。迫害が止み、キリスト教が公認される時代に、修道士たちが出現するというのは、大変興味深い現象です。

修道制の出現は、制度を整えつつあったキリスト教が、積極的に**霊性**の模範としての禁欲修道生活を重んじた結果であるとともに、古代末期のローマ帝国の社会変動とも関係すると考えられています。この時代には、都市が衰退し、都市から農村へと人々の移住が始まりました。何らかの理由で都市生活を捨てて農村に移住した人々の中に、禁欲修道生活の理想を追い求める人々が生まれました。これら修道士の出現によって、都市中心のキリスト教が農村へと浸透していくことにもつながりました。

先にご紹介したアタナシオスの書いた『アントニオスの生涯』Vita Antonii には、「[アントニオスは]、実にロゴスによってしっかりと舵を取られ、精神は平静に保たれていた」（アタナシオス『アントニオス伝』邦訳『中世思想原典集成――初期ギリシア教父』786頁）という一節が出てきます。

アントニオスは、紀元3世紀の半ばから4世紀半ばまで生きた修道制の父とも呼ぶべき人物です。彼は、ナイル河上流で共同生活を始めたパコミオスとは異なって、たった一人で、紅海に向かうエジプトの内陸部で禁欲生活を始めました。農村の禁欲修道士の姿は、やがて都市生活を送る多くのキリスト者の理想となっていきます。なぜなら、都市生活はしばしば完全な禁欲生活を妨げたからです。都市のキリスト者は、農村の禁欲修道士を理想と考えて重んじ、積極的に援助を行うようになります。

アレクサンドリアの司教であったアタナシオスは、同時代に生きた禁欲修道士アントニオスを心から尊敬し、その伝記を書き著しました。この伝記には、アントニオスが、財産を捨て、妹

を女性たちに託して、アレクサンドリアの町を離れ、紅海に向かう砂漠の中で禁欲生活をはじめたこと、アントニオスが砂漠で、悪霊たちの誘惑にさらされたこと、さらに、アントニオスがアレイオス派の人々や哲学者と論争を繰り返しながら、いかに当時の正統的な信仰をしっかりと受け継いでいたかが描かれています。

アントニオスは、「ロゴスによってしっかりと舵を取られ、精神は平静に保たれていた」とアタナシオスは描きました。はげしい禁欲生活、悪霊との昼夜を問わない戦い、病にある人々を癒す奉仕の働きなど、きびしい毎日を過ごしながら、アントニオスの魂は平和そのものであったと言うのです。もちろん、ここには、都市の司教アタナシオスが、砂漠の修道士をクリスチャンの理想として描き出し、都市の教会の制度の中に禁欲者集団を取り込みたいという、教会政治的な動機が存在したことも事実です。

アントニオスの精神が平静に保たれていた理由は、生けるロゴス、すなわち復活のキリストご自身にしっかりと結ばれ、それによって舵をとられているゆえだとアタナシオスは明言しています。このようなアントニオスの姿には、**アタナシオスのロゴス・キリスト論**が見事に映し出されています。アタナシオスは、人となりわたしたちとまったく同じ肉体をとったイエス・キリストというロゴスにわたしたちが参与するとき、わたしたちが悪や罪の歪んだ世界へと落ち込み、存在がひん曲がったままではなくて、まっすぐに神に向かう道へと導かれるのだと確信したのです。

アタナシオスの理想の修道士像が、アントニオスの生涯と人格に投影されています。しかし、アントニオスの姿は、単に実現不可能な理想ではなくて、ロゴスであるキリストを礼拝し、讃美するわたしたちに与えられる現実であるというのがアタナシオスのメッセージなのです。

『アントニオスの生涯』は、都市の司教アタナシオスが描いた砂漠の隠修士の伝記です。このような伝記は、古代世界では複数書かれたことが知られています。『アントニオスの生涯』自体が、シリア語、ラテン語、グルジア語などに翻訳されて、広く流布し、多くの人に読まれました。ブラッケというアメリカの学者は、このような伝記は、都市生活によって、完璧な禁欲生活を果たせなくなった都市の司教が、修道の霊性を都市教会の位階に組み込み、大衆たちに伝える役割を果たしたと見ています。実際、都市に伝播したキリスト教は、4世紀から、いわゆる農村部へと伝えられ、新しい展開を見せることになります。古代エジプト、パレスチナ、シリアなどで発生した修道運動は、その後小アジア、イタリアを経て、中世期のヨーロッパに伝えられることになります。

そこで、3世紀後半の教父たちと修道制度の結びつきは、ますます深くなっていきます。小アジアで活動したカッパドキアの教父の一人、**バシレイオス**は、アンネシに修道院や病院を開設し、祈りと修道の生活と共に、病者への献身的な奉仕の生活を実践しました。彼らは、アントニオスとは違って、パコミオスに代表される上エジプトの共住修道制に模範をとって、修道の共同体を形成しました。その際に、『修道士大規定』（大会則）、『修道士章規定』（小会則）と呼ばれる**修道院会則**を作成して、秩序ある修道共同体の形成に努めました。このような古代の会則は、西方のラテン世界にも伝播し、5世紀には、イタリア半島のヌルシアの**ベネディクトゥス会則**に受け継がれます。

　後に取り上げるアウグスティヌス、ヒエロニスムなどのラテン教父、さらにビザンツの教父ダマスコの**ヨアンネス**などの思想も、修道院における禁欲生活と切り離して考えることはできません。**禁欲主義**は、この世界からの分離ではありますが、隠遁した修道士による静寂主義では必ずしもありませんでした。彼らは、この世界に孤住あるいは共住の修道院を建立し、祈りの生活に集中しました。その中で、**救貧活動**や**共同体形成の実践**という大きな使命を自覚していました。教父たちは、書斎の人ではなく、実践家であり、共同体形成のためには、それと敵対する思想や運動との精神的、物理的な戦いをも厭わない人々でありました。

第14章　古代教父と礼拝――サクラメントと説教

古代教父の活動した時代には、礼拝の形が整えられ、サクラメントが執行され、古代の信条が作られました。3世紀から、数多くの人々が教会に集うようになり、教会は、来訪した者たちに機械的に洗礼を授けるのではなくて、「洗礼志願者制度」を整えていきます。おそらくそれまでは、洗礼を受けようとする者は、自分にできる方法でキリスト教とその信仰について学んだと考えられます（独学、教師の講義の聴講、読書など）。しかし、3世紀初頭には、事情が変化します。教会は、洗礼を受けるまでの段階を定め、洗礼志願者に一定の学びと修練を課すようになります。まず入門期があり、心構えが確かめられます。洗礼を受けたいとの申し出があると、志願者の近隣まで尋ねまわって、人となり、心構えを教会は確かめました。その後、洗礼志願者の期間が定められ、教理の学習、生活の訓練を受けました。最終段階に導かれました。

入門期 ← 心構え

↓

第一段階 ← 洗礼志願者期間・教理の学習・生活の訓練

↓

第二段階 ← 洗礼への準備

ローマの司教**ヒッポリュトス**によれば、このような洗礼志願者期間は、3年間と定められていました。ただし、短縮されることもありうると記録されています。この期間を過ぎると、洗礼志願者は**啓示を受ける者**（フォティゾメノイ）と呼ばれました。試問を受けること、毎日集会に参加することが求められ、悪魔祓いと按手を受けました。そして、いよいよ復活祭の前日に、司教から直接、信仰を秘義として受け継いだのです。この司教から直接継承する信仰の秘義の言葉が、受洗の際の信仰の言葉を一結びにした文章であったと思われます。長く、それを「機密保持の原則」(disciplina arcani) と呼んできました。

古代教会は、はじめから**洗礼**と**聖餐**をおこなう共同体でありました。ヘルマスにとって（100～140年頃）洗礼こそ「水の上に建てられた」教会の基盤そのもの（『ヘルマスの牧者』3のまぼろし3）であると言われています。またユスティノスにあっては、洗礼は「再生」と「照明」を生み出すものと言われます（『第一弁明』61）。テルトゥリアヌスは、洗礼は永遠の生命そのものをもたらすものと考えられました（『洗礼について』1）。洗礼は、新約聖書でも、「イエス・キリストの名によって」行われました（使徒2：38、8：16、10：48、19：5、ロマ6：3、ガラテヤ3：27）。また新約聖書中三位一体の名による洗礼は、マタイ28：19に出てきます。このテキストは、早くから、使徒信条や『ディダケー』、さらにユスティノスの記録する慣行の根拠となりました（『ディダケー』7、『第一弁明』61）。

幼児洗礼については、エイレナイオスが『異端駁論』2・22・4で漠然とした形で言及しています。テルトゥリアヌスは、洗礼は非常に大事な一歩なので、性格が形成されるまで延期することが望ましいとしてその慣行を勧めていないことはよく知られています（『洗礼について』18）。幼児洗礼が何故行われるようになったかの確実な記録や証言はありません。キプリアヌスは、原罪の教理から賛成しています（『書簡集』58・5）。しかし、それ以前の一般的な見解では、幼児期の無罪が主張されたり（テルトゥリアヌス『洗礼について』18）、「教会の外に救いはない」と考えを前提にしつつ、ヨハネ福音書3章5節「だれでも水と霊とによって生まれなければ、神の国に入ることはできない」に導かれて、広く幼児洗礼は実践されていたと思われます。さらにオリゲネスも幼児洗礼を肯定しています（『レビ記講解』8・3、『ルカ福音書講解』14、『ローマ書講解』5・9）。

しかし、仔細に見るならば、オリゲネスもキプリアヌスも明確な嬰児原罪論に立って、幼児洗礼の必然性を説いたわけではなく、それ以前から実施されていた幼児洗礼を当時の教会内に流布していた原罪説によって正当化したにすぎないと考えられます。アウグスティヌスに至ってはじめて、神学的な主題として幼児洗礼論が展開され、嬰児原罪論と教会論の見地から説明されるに至りました。

聖餐については、ディダケー9・11では、「あなた（父）は、あなたの子を通してわれらに霊的な食物と飲み物と永遠の生命とを与え給うた」と記されています。またイグナティオス書簡には、「聖餐は、不死の妙薬であり、われわれが死ぬことなく、永久に生きるための解毒剤である」（『エフェソ人への手紙』20）というよく知られた一節があります。またユスティノスは、「われわれは普通のパンや飲み物として、それらを受けるのではない。神の言によって肉体を取り給うたわれらの救い主イエス・キリストが我らのために肉と血とを持ち給うたと同じように、その食物は、……肉体とり給うたイエスの肉と血とであることを我々は教えられている」（『第一弁明』66）と書いています。古代教父は、当時行われていた聖餐の神学的な意味について多様に表現していますが、中世のローマ・カトリック教会で公式の教えとなった実体変化説を示唆する箇所を見つけ出すことはできません。

4世紀になると、エルサレムのキュリロスの著作に見られるように、聖餐の儀礼と神学をかなり精緻に考察する教父たちが出現します。

古代教父たちは、ほぼ例外なく**牧会者**であり、**説教者**でありました。古代教父の説教は、幸いなことに、今日までそのいくつかが写本で残されています。アレクサンドリアの聖書のアレゴリカル（寓喩的）な解釈に基づく説教、またアンティオケでは、字義的な解釈による説教とそれぞれ特色がありました。ギリシア教父では、使徒教父の第二クレメンスから始まって、オリゲネス、カッパドキアの三教父、アンティオケでは、クリュソストモスの説教などが、多くの聴衆によって賞賛されました。またラテン教父では、アウグスティヌス、アンブロシウスの説教が有名です。

オリゲネスは、アレクサンドリア学派の代表的人物であり、パレスチナのカエサリアで教理を教え、膨大な著作と聖書註解・講話を書いたと伝えられています。残念ながら、その多くは残存しませんが、『諸原理について』『ケルソス駁論』『雅歌講話』『祈りについて』などが邦訳され、日本の読者にもなじみがあります。加えて、小高毅、堀江知己両氏の翻訳によって、『サムエル記上1章1節～2章6節a』のラテン語に翻訳された説教、さらに28章3～25節のギリシア語説教の二つを日本語で読むことができます。

第一の説教は、サムエルの母となるハンナについての説教です。オリゲネスは、アレクサンドリアの聖書解釈に従って、アレゴリカルな釈義をサムエル記1～2章に施します。アレゴリカルな聖書解釈は、字義的な解釈を排除するものではなく、むしろ聖書全体の言葉のイメージの豊かさをふくらませつつ、字義的な意味の背後にある「秘義を読み取る」説教です。さらには、その秘義が、新約聖書の言葉の背後にある秘義、ハンナとペニナは、マルタとマリアに重ねられて、悔い改め（ペニナ）が先立つところに、恵み（ハンナ）があることが解き明かされていきます。

オリゲネスの説教は、聖書の字義的な意味の背後にある霊的な意味を、聖書全体のテキストの流れるような引用を重ねながら解き明かしていくところに特徴があります。テキストの真下を深く掘るのではなく、真横に進みながら、深みへと下っていく。このような説教の特質は、オリゲネスの『雅歌講話』（邦訳オリゲネス『雅歌講話』創文社）にも読み取れるものです。歌の歌である雅歌を歌うまでに、信仰者はエジプトを出て、荒れ野を旅します。信仰の故郷であるカナンに戻った時、信仰者は花嫁であるキリストと一つにされます。救済は、こうして実現することをオリゲネスは説教しました。救済史の水平軸とロゴスの現実性という垂直軸が、同時的に動いて、神的な聖書全体が一つのスコポス（目的）を指し示すことが常に明らかにされていきます。聖書のすべてが、一つなる神を褒めたたえる言葉であるという確信がこの説教にも満ちています。

第二の説教は、サムエル記上28章3～25節の「エン・ドルの口寄せ女」についてのギリシア語説教の翻訳です。この説教は、「エン・ドルの口寄せ女」によって呼び出されたサムエルは本物の預言者なのか、彼が陰府(よみ)にいた理由は何かなど、さまざまな疑問を読者に起こさせるゆえに、古来論争の絶えない聖書箇所の解き明かしでした。オリゲネスは、対立する見解を十分知りながら、サムエル記の記述の真実を積極的に語り、エン・ドルの口寄せ女によって、陰府から呼び戻されたのは、預言者サムエル自身であり、キリストの先駆者であると語っていきます。この説教でも、オリゲネスは、旧約と新約が一つの目的を共有し、サムエル記のこの箇所には、躓きとなるようなものはなく、私たちは、「燃える炎の剣」をくぐり抜けて救われると説教します。オリゲネスの説教は、アレクサンドリアの伝統に根ざす**アレゴリカルな説教**です。ただし、古代では、クリュソストモスのようなアンティオケ学派の**字義的な聖書解釈**に基づく説教もなされていたことは忘れることはできません。

オリゲネスは、悔い改めから始まって、神の一性に参与する信仰者の姿を重視するゆえに、悔い改めに始まる徳の実践や悪との戦いを重要なテーマとしています。オリゲネスは、霊感によって書かれた聖書は、いかなる悪霊の存在にも場所を提供することはないと理解していました。ここにも、ギリシア教父特有の諸霊の識別のモチーフと悪との戦いのモチーフが現れています。説教を通して、論敵が退けられ、聖霊とキリストの主権が明らかにされるのです。このような古代教父の説教は、現代の説教者にも大きな示唆を与えるものです。

第15章　ニカイア論争と信条の成立

古代の信条の形成と成立

信条は、古代の教会の礼拝と洗礼式を背景に生まれました。紀元4世紀にキリスト教が国教化する以前に、まだキリスト教がローマ社会の中で、中傷を浴びたり、迫害されたりしている時代に、キリスト者になろうとする人々が洗礼を受ける際に、**三位一体の神**を告白した信仰の言葉が、古代信条の起源となりました。

3世紀初頭に、ローマの司教であったヒッポリュトスが書き記した『使徒伝承』（『聖ヒッポリュトスの使徒伝承』土屋吉正訳）は、当時ローマの教会で行われた洗礼式の様子を生き生きと伝えています。

鶏の鳴くころ、まず水の上に祈る。この水は泉の涌き水か、高い所から流れてくる水でなければならない。やむを得ない場合でない限り、そのようにする。しかし、いつも他の水を使うことが必要になってくる場合には、手に入れることのできる水を用いればよい。受洗者は衣服を脱ぐ。まず子どもたちに洗礼を授ける。自分で話すことのできる者は皆、自分で話す。まだそれができない場合は、その両親、または家族のだれかが代わりに話す。次に男子、最後に女子に洗礼が授けられる。女子は髪を解いて、身につけている金の飾りをはずす。だれでも水の中で悪の霊のものを身につけていてはならない。……（中略）

このようにして司祭は受洗者を裸のまま、洗礼を授けるために水のそばに立っている司教または司祭に渡す。ひとりの助祭が同じように受洗者とともに降りて行く。受洗者が水に入ると、洗礼を授ける者はその上に手を置いて言う。「全能の神である父を信じますか」。受洗者は答える。「信じます」。するとただちに洗礼を授ける者は受洗者の頭に手を置いたまま、一度目の水に浸す。それから次のように言う。「聖霊によっておとめマリアから生まれ、ポンティオ・ピラトのもとで十字架につけられて死に、三日目に死者のうちから復活し、天に昇って父の右に座し、生者と死者をさばくために来られる神の子、イエス・キリストを信じますか」。受洗者が「信じます」と答えると、二度目の水に浸される。それから（洗礼を受ける者が）また尋ねる。「聖なる教会の中で聖霊を信じますか」。受洗者は答える。「信じます」。

こうして三度目の水に浸される。受洗者が水から上がると、次のことばをもって司祭から感謝の油を塗られる。「イエス・キリストの名によって、あなたに聖なる油を塗ります」。続いて、受洗者は各自からだを拭き、衣服を身に着けてから教会に入る。（傍点筆者）

この記述から、今まさに受洗しようとする者が、父・子・聖霊なる三位一体の神の信仰を受け入れるかどうかを試問される際の、その試問の言葉が、古代の信条の起源であることがわかります。このヒッポリュトスの「**信条**」が、やがて3世紀半ばに、洗礼志願者教育の中で用いられるようになり、一つの結び合わされた文章に整えられて（これを**宣言的信条**と呼びます）、使徒信条の原型となる**古ローマ信条**となったと推測されています。3世紀半ばになると、異教徒からの改宗者が増加しますが、その際に、教会は大衆伝道にうって出るよりは、地道に洗礼志願者教育の制度を整えて行きました。洗礼志願者は、司祭から教示された信条を暗証して、洗礼式当日にのぞんだと思われます。信条の言葉を暗記し復唱することによって、信仰の奥義が伝達されると考えられていました。

3世紀以前には、**使徒信条**や**ニカイア信条**というわたしたちが現在知っているような完成した信条はありませんでした。しかし、聖書の中に出てくる「イエスは主である」とか「主は霊である」とか父・子・聖霊の名による洗礼命令や祝福の言葉が祈りや奉献文に用いられていました。さらに聖書全体が父と子と聖霊の本質と働きをさまざまな仕方で描くので、これらの聖書の言葉が、三位一体の神を証言するものと理解されていました。古代の教父たちは、聖書の言葉に導かれて生み出された、より整った三位一体定式の礼拝の言葉に言及しています。実際、1世紀末から2世紀半ばの使徒教父や弁証家たちの著作を仔細に見ると、信条の萌芽とでも言うべき言葉が繰り返されていることに気づきます。あるものは、三位一体定式を明確にとっていますし、またあるものは、父と子についてだけ言及しています。このような信条の萌芽からより整った古代の信条の成立過程を歴史的に漏れなく説明することは難しいのですが、先のヒッポリュトスの『使徒伝承』からはっきり分かるように、古代信条の**生活の座**は、洗礼式であったということは確実です。

会議で作成される信条

4世紀は、信条の歴史にとって、エポックメイキングな時代となります。すでに説明したように、2世紀から3世紀にかけて、各地の教会では、洗礼信条が実際に作られ、礼拝において用いられていましたが、全ローマ共通の信条のようなものは存在しませんでした。しかし、4世紀初頭にキリスト教が、コンスタンティヌス帝によって公認された直後に、キリスト教会内部において キリストの地位をめぐる激しい論争が巻き起こると、キリスト教会全体で重んじられるべき信条が必要であると考えられるようになります。

すでに第10章で取り上げたように、318年、北アフリカのアレクサンドリアの一司祭であったアレイオスが、「御子が存在しない時があった」と言い、御子イエス・キリストが、天の父なる神よりも劣った存在であると主張し始めます。アレイオスは、聖書が描く十字架で苦しむ主イエスの姿から、この方が神と同じ存在であるとは到底考えられず、神のように優れた方であり、人間に救済をもたらす方ではあっても、父なる神よりは少しく劣った存在であると主張するようになります。

これに対して、アレクサンドリアの司教アレクサンデルやその後継者アタナシオスは、アレイオスの考えでは本当の人間の救済は不可能である、と反論しました。この論争が、**アレイオス論争**と呼ばれ、アウグスティヌスの時代まで継続します。古代社会では、現代世界とは違って、教理や信仰の問題と政治の問題は不可分でしたから、教理上の対立は、激しい政治上の権力闘争を引き起こしました。

キリスト教を公認して、衰退しつつある帝国の紐帯としたいと願ったコンスタンティヌス帝は、アレイオス論争による教会の分裂の危機を憂慮したのは当然でした。そこで、コンスタンティヌス帝は、325年にニカイアで最初の公会議を開催し、いわゆる**原ニカイア信条**を採択することになります。原ニカイア信条は、父と子の同質（ホモウシオス）という語やアナテマと呼ばれる呪いの言葉の付加によって、はっきりとアレイオス派の異端論駁の意図を持った信条であったことがわかります。つまり、4世紀に入ると、元来は洗礼信条であったものを基礎に、会議でキリスト教のアイデンティティを明確にし、正統と異端の区別をはっきりとつけるための統一的な信条が作成されるようになるのです。

しかし、ここでも、これらの信条の基礎は、4世紀初頭までの、洗礼の試問信条ないしは宣言的信条にあり、讃美頌栄的な性格を強く持っていたことは否定できません。ニカイア信条の制定にあたって、皇帝が一定の役割を果たしたことも事実ですが、今日の研究者の多くは、皇帝が直接に信条の内容や神学に影響を与えたとは考えていません。会議によって制定された古代の信条も、それ以前の洗礼信条の性格を色濃く残しているのです。それゆえ、ミサ曲のクレドーの部分で歌われるニカイア信条の本質は、古代のキリスト者たちが信じた三位一体の神の現実性を伝えるところにあると言えます。

讃美頌栄としての古代信条

古代の信条の最も重要な特色を二つ挙げることができます。

第一に、古代の信条は、三位一体の神の告白であるということです。父・子・聖霊なる神への信仰を例外なく、告白し、それぞれの固有の本質と働きが同時に一つなるものであることを明らかにしています。

第二は、信条は三位一体の神を讃美頌栄する言葉であるという点です。この第二の性格は、ニカイアの教父たちの神学が持つ性格と相俟って、現代のわたしたちが特に注目すべきものです。古代のキリスト者たちは、生きて働く三位一体の神を信じ告白し、父と子と聖霊の交わりの中に、自ら入れられることを渇望しました。とりわけ、復活し高挙された主イエス・キリストの現臨の中で、永遠のロゴスなる神を礼拝することに無上の喜びを感じたのです。

ニカイアの神学者の代表であるアタナシオスやヒラリウスの著作を読むと、そこには三位一体の神をほめたたえる頌栄の姿勢がみなぎっています。その姿勢の中で、神学と教会の形成のあらゆる営みがなされたことがわかります。

かれらが信じた主イエス・キリストは、歴史に生きた単なる人としてのイエス、あるいは人生の道徳的手本としてのイエス、あるいは社会改良家としてのイエスではありませんでした。ニカイア信条の父と子の「同質（ホモウシオス）」という言葉が示すように、ニカイアの教父たちの信じる主イエスは、**まことの神にしてまことの人である復活し高挙されたイエス・キリスト**でありました。古代の信条は、このような主イエス・キリストを告白することに集中しています。さらに、復活し高挙された主とのかかわりで、**聖霊の信仰**をはっきりと告白しています。

特に381年のニカイア・コンスタンティノポリス信条（これを略してニカイア信条と呼びます）は、聖霊に関する第三項を拡大して、「わたしたちは、主であり、命を与える聖霊を信じます。聖霊は父〔と子〕から出て、父と子とともに礼拝され、あがめられ……」と告白しています。ニカイア信条が聖霊の神性をはっきりと告白しているのは、350年代から聖霊の神性をめぐる議論が盛んに行われたからに他なりません。聖霊の神性が、受け入れられたのは、もちろんアタナシオス（『セラピオンへの手紙』やバシレイオス『聖霊論』）らの神学的貢献がきわめて大きいのですが、それとともに当時の教会の慣習、すなわち父と子と聖霊の名によって、洗礼が授けられ、聖餐が行われ、祈りがささげられていた事実によります。父と子とともに、聖霊の名が呼ばれ、祈りや洗礼が授けられるという実践が、三位一体の教理の正当性を証しするものとなりました。ここには、**祈りの法則**（レックス・オーランディ）と信仰の**法則**（レックス・クレデンディ）とが密接に結び付いていた例証が見られます。

このような讃美頌栄としての信条は、聖書とともに古代教会形成の規範となっていきます。古代の教会は、信条に一定の拘束力を認め、賛同する司教たちが署名をして同意を表しました。このように、教会の形成の原動力となっていく信条の側面もまた忘れることはできないでしょう。今日のわたしたちの教会は、古代の教会とはまったく違った自由教会であることは言うまでもないことです。しかし、信条の「拘束性」ということは重んじています。それは、何か国家やそれに代わるような物理的な権力が行使する「拘束性」ではなくて、教会を構成する教会員の自発的で喜びに満ちた契約に基づく「拘束性」と言えます。

第16章　信仰と敬虔に生きる——バシレイオスの思想の深み

オリゲネス以降、アタナシオス、さらにカパドキアの三教父に至るいわゆる古代末期のギリシア教父たちは、古典古代の文化を継承しつつ、それを摂取・同化・超克しようと努めました。4世紀は、すでにキリスト教が公認された時代です。国家によるキリスト教の統制や擁護が始まりますが、各教父たちは、人間精神と関わるキリスト教信仰の本質を探究し続けました。本章では、カパドキア教父の代表と言える**バシレイオスの神学思想**（特に『若人へ』に現れた思想）と**修道的な実践**という二つの側面に光を当てながら、バシレイオスの思想の深みを考察したいと思います。このような考察は、キリスト教信仰を、人間の精神の課題として理解するための手掛かりとなるでしょう。

1　バシレイオス『若人へ』の解釈史と福音のヘレニズム化の論議

19世紀の教理史研究は、2世紀半ばユスティノス以降のロゴス・キリスト論を、しばしば福音のヘレニズム化の産物と評価し、福音からの逸脱が、ロゴス・キリスト論と三位一体論の形成過程であったと結論付ける傾向があります。この問題は、そもそも福音をどのように捉えるかという前提の問題とも関わり、複雑かつ困難な課題をしばしば研究者につきつけてきました。

4世紀後半の**カパドキアの教父バシレイオス**を例に挙げましょう。彼の有名な著作『若人へ』（Ad adolescentes; バシレイオス晩年の370年代に書かれたとされる。ギリシア語の原典と英訳は、The Loeb Classical Library, Saint Basil The Letters IV, Harvard University Press, 1934 所収。以下頁数は、本書の頁数を指示）は、「ギリシア文学からいかにして益を得ることができるか」という副題の通り、表面的には、具体的かつ実践的に、ギリシア文学の摂取の仕方を教示しています。バシレイオスは、ホメロスやヘシオドスといったギリシアの作家の文学作品にも、キリスト教に相通じるものを認めて、徳の形成に有益なるものを取捨選択して摂取すべきことを、彼の甥と思われる若人たちに勧告しています。「蜜蜂のたとえとまったく同じように、わたしたちは異教文学に関わるべきである」（391頁）とバシレイオスは語っていますが、その意味は、蜜蜂のように花の中から（福音理解に役立つ）甘い蜜を取捨選択せよということなのです。

バシレイオスのこの書物は、1403年にL・ブルーニ（1369~1444）によってラテン語に訳出され、ルネッサンス期における人文主義に大きな影響を与えました。ルネッサンス期以降も、バシレイオスが、特に古典古代の文学に精通した教父として、西方においても広く読まれたのも、このような理由からでありました（この点については、秋山学『教父と古典解釈』創文社、82頁参照）。

しかし、バシレイオスが無条件に古典古代の文化を受容したという評価を支持するのは難しいと言わねばなりません。古典的教養に対して、バシレイオスはむしろ否定的ではなかったかと多くの教父研究者は考えています。実際、日本語にも訳されている『聖霊論』（山村敬訳『大バシレイオスの聖霊論』南窓社）では、新プラトン主義者プロティノスの聖霊論が言外に退けられ、三位一体論的聖霊理解が、聖書と伝統から強力に論証されていきます。バシレイオスの神学には、明らかに「聖書と伝統による哲学の超克」という意図があります（この点については、拙稿「バシレイオスにおける聖霊の教理と洗礼」『アタナシオス神学の研究』教文館、523頁参照）。バシレイオス自身が、『書簡』223では次のように述べています。

わたしは、愚かなることに多くの時間を浪費し、空しい勉学と神が愚かなものとされた（I

コリント1：20）教説への献身に青春時代のほとんどすべてを費やしてしまった。突如、わたしは、深い眠りから目覚めた。わたしは、福音の真理のすばらしい光を見て、この世の滅び行く支配者たちの知恵（Ⅰコリント2：6）の空しさを知った……。

しかし、このようなバシレイオスの言葉もまたさらなる解釈を施され、イェーガーは、『初期キリスト教とパイデイア』（野町啓訳、筑摩書房）の中で、バシレイオスは、ギリシア文学のもつ「倫理的・宗教的な内容は拒絶したが、その形式は賛美した」と論評し、「言葉の上では彼ら（教父たち）はヘレニズムを攻撃するが、彼ら自身によるギリシア文化の模倣が、そのような攻撃的判断をいかに修正すべきかを示している」としています。

さらにバシレイオスの弟であった**ニュッサのグレゴリオス**は、『モーセの生涯』の中で、「外的な教養とは、実りを産まないものであり、永久に陣痛をきたしながら、決して出産して生命をもたらすということがない」（『モーセの生涯』Ⅱ10-11）と述べています。明らかにグレゴリオスにあっては、モーセが幼少時に託されていたエジプトのファラオの娘が「子を産まない女」とされ、この娘は

「外的な哲学」であると考えられています。

わたしは、このような古代末期の教父思想のヘレニズム化の議論は、ロゴス・キリスト論の大きな流れの中ではじめて理解されるのではないかと考えています。個々の教父の著作の評価は、もちろん可能ですし大切ですが、エイレナイオスからオリゲネス、そしてニカイアの教父に至る一連のキリスト論の展開の中で、迫害下にあったキリスト教会を支え、進展させえたのは、ギリシア的パイデイアの単純な否定ではなく、むしろパイデイア思想を超克する三位一体の教理に内包されている敬虔の思想ではないかと考えます。

ギリシア的パイデイア思想を超克した敬虔の思想こそ、ポリス的共同体が衰退し、新しい信仰共同体である教会の形成の原理となり、都市の諸教会と修道思想をつなぐものとなっていきました。そのような観点から先の『若人へ』を読みなおすと、そこには、ロゴス論から徳論への展開とともに、敬虔による人間の形成というバシレイオスの思想と修道的生の座を読み取ることができます。

2　ロゴス・キリスト論の決定的転換点
――ニカイア神学のコンテキストにおけるバシレイオス

2世紀半ばのユスティノスからエイレナイオス、そしてクレメンス、オリゲネスと展開していくロゴス・キリスト論は、4世紀初頭から半ばにかけて活躍したアタナシオスに至って、決定的な展開をとげます。オリゲネスに見られた「可知的領域」と「可感的領域」という中期プラトン主義の二元論の残滓（ざんし）が除かれると、**ニカイア神学**は、「ロゴスの受肉」という説明し難い出来事に、信仰と敬虔を保ちつつ接近することができるようになります。もちろん、ニカイア神学は、何か新奇な教説を案出したと考えたのではなく、聖書が証言する伝統の忠実な伝え手となったと言えます。

アタナシオスを代表者とするニカイア神学は、信仰（ピスティス）と敬虔（エウセベイア、テオセベイア）とを結びつけ、礼拝という脈絡の中で、頌栄的言語によって思惟することができるようになります。この**頌栄的な神学**こそ、アレイオス論争を勝ち抜き、修道的な霊性を都市の共同体であるキリスト教が取り込んで展開をはかる原理となったものです。このようなニカイア神学の特質は、ギリシア教父だけにとどまらず、ヒラリウスなどの同時代のラテン教父にも受け継がれていきます。信仰と敬虔の結びつきは、聖書を一つのスコポス（視野、目標）を持つものとして読むという理解を生むとともに、正典の形成を促しました。

時間の関係で、このあたりの消息は、拙著『アタナシオス神学の研究』（教文館）を参照していただければ幸いですが、一つだけ重要な点を付け加えておきましょう。それは、ニカイア正統主義は、アレイオス論争の中で、いわゆるギリシアの古典古代思想を意図的に排除するのではなく、むしろ三位一体論によってそれを凌駕超克し、結果としてギリシア的なパイデイア思想の影響を最小化したということです。

アレイオスとその一派は、神の意志に一致する過程として地上のイエスの生涯を捉え、そのことによって、人間の意識と教育に強調が置かれる認識論的な思想を準備したのに対して、ニカイア正統派は、徹底して神の存在と御子イエス・キリストの存在論的な同一性に神学の根拠のすべてを求めました。

3　バシレイオスが生きた時代——ニカイア神学の形成期と修道制との接触

さて、このニカイア神学の形成期を生きたバシレイオスの生涯を少しく詳細に概観してみましょう。

バシレイオスは、３３０年ごろカパドキアの裕福で教養のある家庭に生まれました。幼少時には、自分の父から教育を受けたとされます。父は、長老バシレイオスと呼ばれた人物で、グレゴリウス・タウマトロゴスの薫陶を受けたキリスト者、大マクリナの息子であり、当時ポントスのネオカエサリアの修辞学者でした。また母エンメリアは殉教者の娘であり、バシレイオスを含めて10人の子供を産みます。そのうち、バシレイオス、ニュッサのグレゴリオス、セバステのペトロスと3人が、後に司教となりました。さらに、長女は小マクリナと呼ばれ、女子の修道生活の指導者となります。小マクリナについては、弟のニュッサのグレゴリオスが、『マクリナの生涯』という著作を残しています。

バシレイオスは、13～14歳でカッパドキアの中心地カイサレイアの学校で学び、さらに346年ごろにコンスタンティノポリスで教育を受け、351年（21歳）ごろに、アテナイに遊学して、そこで古典の教育を受けました。アテナイでは、ナジアンゾスのグレゴリオスと知り合い、その後紆余曲折を経験するものの、生涯の友となったこともよく知られています。

356年ごろ、バシレイオスはカエサリアに戻りしばらく修辞学を教えますが、やがて修辞学という学問並びにそれを教授する生活を捨てて禁欲的な生活に入ります。このときの心境は、先に一部引用した『書簡』223・2に記されています。

このような体験を経て、バシレイオスは司教ディアニオスから洗礼を受け、エジプト、パレスチナ、シリア、メソポタミアなどを旅行し、各地の修道院を訪ね、禁欲隠修士たちと出会う経験を重ねます。修道士たちとの出会いは、バシレイオスに大きな示唆と刺激を与えたに違いありません。そのときのことを、バシレイオス自身が以下のように記しているからです。

わたしは、彼ら（隠修士たち）の生活の節制禁欲と労役における忍耐に感嘆した。さらにわたしは、彼らが絶え間なく祈っていること、睡眠にも打ち勝ってそうしていることに驚きを禁じえなかった。彼らが、いかなる自然的な必要に服することなく、魂の目的を高く保ち続けながら、飢えと渇き、寒さと裸に負けることなく、肉体に屈することは決してなかった……。（『書簡』223・1、傍点筆者）

バシレイオスがここで言及する「**魂の目的**」という言葉は重要です。なぜなら、『若人へ』の中に共通のモチーフを見出すことができるとともに、後で概観する『修道士大規定』の主題とも重なって、後期のバシレイオス思想をニカイア神学の展開というコンテキストで理解する鍵となる言葉だからです。

その後、バシレイオスはイーリス河畔の村アンネシの近郊に隠棲（いんせい）します。彼の周りには、彼を慕い、薫陶を受けようとする人々が集まってきます。その中に長年の友、**ナジアンゾスのグレゴリオス**もいたのです。二人は、オリゲネスのたくさんの著作からの引用詞華集『フィロカリア』を編集しました。さらに、『修道士大規定』『修道士小規定』として後に知られるようになる修道院規則を作成します。

362年、司教ディアニオスの死によって、エウセビオス（パレスチナのカエサリアのエウセビオスとは別人）がカッパドキアのカエサリアの司教に選出されると、364年バシレイオスは、カエサリアに招かれて、司祭に叙階されます（34歳）。『エウノミオス駁論』は、この時期に書かれたと考えられます。司祭に叙階されたバシレイオスは、都市住民のために働き、カエサリア郊外に、困窮した民衆のための姿勢を建設しました。その施設は、現代の病院、旅人を宿泊させる姿勢、貧しい人々のための施設などを含む、一大コンパウンドとも言えるもので、「新しい都市」と形容されたほど大きなものでありました。

370年にエウセビオスが死去すると、バシレイオスはカエサリアの司教に選出されます（40歳ごろ）。アレイオス主義を支持するコンスタンティウス2世の死後（361年）、ヴァレンス帝が再びアレイオス主義支持にまわり、ニカイア正統派を弾圧するようになります。正統派もまた分裂し、アンティオケのメレティオスとパウリヌスが対立し、小アジアの教会政治にも影を落としていました。バシレイオスが、この状況を『聖霊論』の中で、嵐の中の海戦になぞらえて描いているのは有名です（30章）。

３５０年に、ニカイア派を支持していたコンスタンスが死去すると、アレイオス派支持の東の皇帝コンスタンティウス2世の単独支配となります。３５７年〜３６０年には、支配権を握ったアレイオス派内部でも対立と分裂が生じ、結局アレイオス派の一部が急進化して、後に新アレイオス主義と呼ばれるようになる運動を起こします。その担い手は、**アエティオス**とその弟子**エウノミオス**でした。彼らは、父と子はアノモイオス（非相似）であると主張しました。このために、アレイオス派内部には、かえってアノモイオイ（非相似派）とは一線を画す中間派（ホモイウシオス派）が形成され、状況は一層複雑になっていきます。

かくして、御父と御子の関係理解は、サベリオス主義にかなり近いマルケロスのニカイア右派から、御父と御子の非相似・異質を主張する新アレイオス主義者、そして中間派と大きく三派に分かれて抗争、論争を繰り返すことになったのです。このような対立は、ニカイア正統派内部でも生じ、特に対立の争点となったのが、**ウシア**と**ヒュポスタシス**そして**プロソーポン**などの用語の問題でありました。とりわけ、アンティオケでは、ニカイア正統派同士が分裂して抗争するに至ります。先に追放されたエウスタティオスに忠実な少数派は、司教パウリヌスを中心に集まり、神について語る際にウシアとヒュポスタシスを同一視しました。そして「位格」を表すために、プロソーポンなる用語を採用しました。他方、司教メレティオスを中心とする多数は、サベリオス主義への警戒から、神のウシアの一性を主張しながら、3つのヒュポスタシスを主張していました。この対立は、小アジアにおける教会政治にまで及んだほどです。

バシレイオスは、教会の一致を願って、ローマと東方とのよりよい関係の確立を試みて、アタナシオスに協力を求めます。さらに教皇ダマススに書簡を送り、東方の諸教会の混乱と対立の現状を訴え、東方を訪問してくれるように要請さえしています（『書簡』70）。バシレイオスは、論争や抗争による力の浪費さえなければ、ニカイア正統派は勝利しうると信じていたのですが、不幸にして、東方と西方の間には、越え難い大きな障壁が横たわっていました。すなわち、それがアンティオケでの先に指摘したメレティオスとパウリヌスとの対立でありました。バシレイオスによるアタナシオスとローマへの訴えは結果的には聞かれませんでした。西方教会は、バシレイオスが支持していたメレティオスにむしろ反対し、パウリヌス支持の立場をとっていたからであります。したがって、ローマからの返書は、信仰の交わりを確認はしたものの、何の手助けも提示はしなかったのです。

しかし、アレイオス派を支持していた皇帝ウァレンスが378年に死去したために、平和の回復の可能性が出てきます。しかし、残念なことに、その翌年379年1月1日にバシレイオスは死去します。コンスタンティノポリス会議の前々年でありました。

4 『若人へ』とニカイア神学

改めて考えさせられるのは、概観してきた教会内外の闘争のただ中で、『若人へ』は書かれたということです。バシレイオス自身のこの時期の関心事は、修道制度を小アジアに定着させることであり、ニカイア正統陣営を一つにまとめて、ロゴス・キリスト論の伝統に基づいて**三位一体論形成**を着実に行うことでありました。このような時代に、『若人へ』が書かれたのであれば、年若い自分の甥や姪たちへの勧告の言葉は、時代の背景から読まれるべきは当然とも言えます。

バシレイオスは、繰り返し、自らの教育の目標は、「**不死なる魂**」に対する配慮であると記します。しかし、ここで注意すべきは、「不死なる魂」について教えるのは聖書であるというバシレイオスの言葉です。「魂は、あらゆる点で、肉体よりも尊いものである。魂と肉体という二つの生の相違は、きわめて大きいのである。聖書は、いくつもの奥義を通して私たちを教え、来るべき世に導きます」（383頁）。

バシレイオスの不死なる魂の議論は、先に紹介したように、プラトンの議論を下敷きにしています。わたしたちの魂にとって最良のものは、哲学によって与えられるとも言います（415頁）。しかし、プラトンなどの哲学者と決定的に相違するのは、「魂の浄化」をめざして、善きものを求め続ける探究の営みが哲学の本義であると認めつつ、この探究は聖書を根本テキストにして行われると考えられている点です。さらに、バシレイオスにあっては、探究の修道的性格が著しく、それは次のような一節に示されています。「わたしたちは希望によって、もっと遠くへと進み、もう一つの生への準備を行う。だからこそ、そのもう一つの生のためには、役立つことは何でも、あらゆる力をもって、愛をもって実施され追求されなければならない」（382〜383頁）。

「愛をもって実施され追及される」という表現は、バシレイオスの修道の実践と合致しています。バシレイオスの敬虔とは、認識にではなく、愛に目標を置くところに特色がありました（この点については、水垣渉「バシレイオス」（『古代キリスト教の教育思想』東洋館出版社所収）。愛に目標を置く限り、キリスト者の魂の純化は、神の愛の啓示の書である聖書をテキストにすることになります。同時に、バシレイオスの生きている時代、なお人々が読み尊重してきたいわゆる異教文学と哲学は、キリスト者が徳とすべきものは何であるかという観点から、取捨選択して用いられるべきと主張されます。それこそ、蜜蜂が甘い蜜を吸うように、吸収すべき徳を得るべきなのです。さらに、薔薇の園から、薔薇の花束を引き抜く際に、薔薇の棘を注意深くさけるように、異教文学を読む際に無益で徳に対して有害なものは除外すべきと主張します(393頁)。さらにバシレイオスは次のように語ります。

わたしたちが自らの人生を出立したのは、徳によってであり、また詩人によって、さらに歴史家によって、さらにまた哲学者によって徳を賞賛する言葉が語り継がれてきたゆえであるから、これら異教文学にも関心を自ら注ぐべきである。(393頁)

ここには異教文学への否定的な評価はまったくありません。しかし教会の指導者であると同時に修道制に担い手であったバシレイオスは、異教文学が誘う「哲学者の小径」は魂の純化へと向かう救いの最終的小径ではなく、洗礼から聖餐を祝う共同体への参与というキリスト者という旅人が辿るべき本来の道であると確信していました。同時にこの共同体は、嵐の海戦の中を未来に向かって進むニカイア正統主義の信仰者の小舟であったのです。この小径には、愛に目標を置く時に避けては通れない悪との戦いが待ち受けています。

この道の途上での準備において、キリスト者の敬虔が培われるとバシレイオスは考えていました。興味深いのは、この時期にバシレイオスが書いた『修道士大規定』は、修道者の「敬虔な生活」という目標達成のために書かれていることです。この文書は、バシレイオスが指導を受けるために参集した修道士たちの質問に答えるという問答形式で書かれ、修道精神の一種の根本精神を規定するものです。序文の冒頭に、「敬虔な生活という一つの同じ目的を立てる私たち」が、今こそ「私たちの魂に関する事柄」に心を向けようと促して、神を愛し人を愛する生活をたてるためにはどうすればよいかを語り始めます。先に指摘した『書簡』223の主題が出てきます。

バシレイオスの議論は、修道の生活そのものが、神への憧憬の閃光を呼び覚ます努力であることに注意を向けています。人間には、元来種子的なロゴスが備わっていて、これが、神を愛し、人を愛することへと、内側から突き動かす傾向性を持つと言います（190頁）。この努力は、人間の内側から働きますが、生来的に人間に備わっている性質ではなく、神の承諾によって、わたしたちの祈りが聞かれて、聖霊によってわたしたちに与えられるものです（190頁）。

このような神から与えられた力こそ「徳」であって、「私たちは徳に従った敬虔な生涯をまっとうする」（191頁）と言われます。この「徳に従った敬虔な生涯」こそ、単独の修道者によってではなく、修道者の共同体において達成されると考えられました。『修道士大規定』問い7以降は、すべて共同体の中での敬虔なる生活の指針の解説になっています。節制の不可欠性、食事から衣服にまでわたる日常生活の指針が示されるとともに、共同体の秩序保持のために上長（じょうちょう）（めうえの人、地位のうえの人など。）への従順などが、修道生活の重要な指針として説明されていきます。

バシレイオスが書き記す多様な指針は、神を愛し、人を愛する者が、神の善性ゆえに、自らもまた善なる生活へと導かれていることを前提としています。善なる生活とは、いわゆる静寂主義的な禁欲生活ではありません、むしろきわめて実践的な修道の倫理にまで及ぶ生活です。アタナシオス、ナジアンゾスのグレゴリオスらの神学に内在する敬虔とは、信仰者の内面から培われた敬虔ではなくて、神の真実と善性から賦与される敬虔です。ですから、それは禁欲というかたちをとりながら、個々人の内的な領域に限定されずに、個々人の外的な行動や倫理、さらに個々人が属する共同体的の制度的な側面にまで適用されるものでした。このことは、『修道士大規定』の問55で、バシレイオスが、医術の使用は敬虔の目的と相矛盾するものではないことを積極的に語っている箇所からもうかがい知ることができます。バシレイオスは、「おのおのの技術（テクネー）の助けは、自然の弱点を補うために神から私たちに与えられた贈り物である」（274頁）と述べます。そして、技術の及ぶ領域とそうでない領域を識別して、「技術を完全に拒絶すべきでもなければ、また私たちの希望を全面的にそこに置くべきでもない」（278頁）と語り、技術もまた医術も、神を喜ばせる目的のためであり、魂の利益を配慮すべきと結論づけます。そして「何をするにしても、すべて神の栄光を現わすためにしなさい」（Ⅰコリント10：31）を引用して本書は結ばれます（279頁）。

ニカイア神学のこのような側面に注目したのは、T・F・トランスでした。彼は、アタナシオスに代表されるニカイア神学の敬虔の特色を「信仰と敬虔もしくは敬神の結びつきにある」（Torrance,Trinitarian Faith,p17）。と見ています。しかもその敬虔は、「キリスト中心の敬虔」であると考えます。このような敬虔の概念こそ、ニカイア神学を一つに結びつけるものです。バシレイオスの『若人へ』に見られる異教の古典文学に対する態度とは、このようなニカイア神学の内奥に存在する教理の大きな流れの中で理解されるべきものであります。

バシレイオスは、「主は、主を信じている人々の子どもたちを敬虔によって形成することをわたしたちに託された」（『書簡』300）と述べています。この「敬虔による形成」とは、愛を目標に置く魂の浄化の道です。しかも、それは、信仰者個人の努力にではなくて、共同体の営みにかかっています。水垣氏の言葉を用いれば、「共同的探求」が確かにバシレイオス神学の基本姿勢となっています。しかし、この共同的探求は、ニカイア神学の堅持を根拠にしたものです。バシレイオスは、『聖霊論』79で、自分は本来一切沈黙すべきだったが、今語るべき時が来た故に、「雲のような敵にたじろがずに、御霊の助けに望みをおいて、恐れることなく、真実を告げたのである」（186頁）と語ります。敵という物理的な障壁にたじろぐことなく立ち向かう姿勢もまた、彼らの敬虔の一部であり、ニカイアの教父に共通する心性と言えます。

バシレイオスは、次のような言葉で書物を締めくくります。「御霊を汚す者たちに、敬虔の教説に対して言いたい放題言わせたまま、このような味方・弁護者をもつ私たちが、父たちの伝承から私たちまで、連綿として記憶され守られ続けた、その教説に仕えることをためらうとしたら、こんなひどいことはないであろう」（186頁）。

ここから、再び『若人へ』を見てみると、ギリシアの古典文学は、ただ単にテクネーと同レベルのことではなくて、「敬虔なる魂」を持つ者が、かなり自由にそれらに接することで、魂の浄化に旅への準備となると考えられたのだと思います。バシレイオスは異教の教えとキリスト教的な徳の間にある種の類縁性がある場合には、これを摂取することを勧めています。摂取に値するかは、それが徳を高め、善き行為となるかどうかにかかっていると考えました。きわめて実践的な分別の方法です。実践的な分別は、当然のことながら、「雲のような敵にたじろがず」に戦うという姿勢と結びついています。この点も、先に見たアタナシオスの神化論の姿勢に通じています。

かくして、バシレイオスの議論もまた、単純に彼の実践的な性向によるのではなくて、先に述べたニカイア神学の本質に根ざしたものと見ることができるでしょう。

第17章　エルサレムのキュリロスの時代
——四世紀半ばのエルサレムと洗礼、聖餐

エルサレムのキュリロスは、キリスト教がすでに公認された時代を生きたエルサレムの司教です。彼が３５０年頃に書いた『洗礼志願者のための秘義講話』は、4世紀のキリスト教の礼拝、洗礼と聖餐の神学や実践を記録する貴重な資料です。本節は、他の節と比べると、やや詳細な叙述となっていますが、その理由は、キリスト教公認の時代に、キリスト教会内部から、しかもエルサレムという主イエスゆかりの特別な町での**教会のアイデンティティ形成**がどのように行われたかを概観したいと考えるからです。さらに、キリスト教が迫害の時代から公認されて国教会化される約３００年という長きにわたって、古代教父が、礼拝の実践と慣習、さらに神学を集大成していく事例の一つが、エルサレムのキュリロスの著作には如実に現れているから

です。エルサレムのキュリロスの『洗礼志願者のための秘義講話』は、一部が邦訳され『中世思想原典集成2　盛期ギリシア教父』（大島保彦訳、平凡社）で読むことができます。ギリシア語と英語の対訳は、St Cyril of Jerusalem, Lectures on the Christian Sacraments, The Procatechesis and the Five Mystagogical Catecheses, ed. by F. L. Cross London, を参照して下さい。この書物のクロスの序文が有益です。本書も多くをクロスの解説に負っています。

エルサレムのキュリロスの時代

キリスト教は公認されたものの、318年から始まるアレイオス論争によって、古代ローマの至るところで分裂し、対立抗争が止むことはありませんでした。いわゆる「コンスタンティヌス体制」は、何がキリスト教の正統であり異端であるかを定め得ないまま、キリスト教という紐帯によって衰退しつつあった帝国を束ねることを目指した、流動的な形成途上の社会体制にすぎなかったと言えます。しかも権力闘争と教理論争は、帝国内の各都市、各地域で平行して続き、キリスト教ローマ帝国の社会体制そのものの脆弱さを露呈しました。

しかし、4世紀半ばのエルサレムには、ローマ帝国におけるキリスト教公認という新しい時代を迎えて、確実な変化が見られたことも事実でした。二度にわたるユダヤ戦争後、皇帝ハドリアヌスのエルサレム復興政策の時代を経て4世紀を迎えると、エルサレムは、コンスタンティヌスによる聖墳墓教会の建立をはじめとする、キリスト教的な都市として再構築されていきます。

当時のエルサレムは、すでにカエサリアと並ぶパレスチナの最重要都市でありましたが、二つの都市は、微妙な緊張関係に置かれていたことも事実です。ニカイア会議の教令7によって、一方でエルサレム司教は、法的にはカエサリア司教に従属すると定められながら、他方では聖地を抱える司教は、アレクサンドリア、アンティオキア、ローマの各司教と並んで、帝国内のもっとも名誉ある聖職者とみなされていたのです。

カエサリア司教には、アレイオス派の同調者**アカキオス**が就任していたのに対して、エルサレム司教は、反アレイオスのニカイア神学の主唱者の**マカリオス**とその後継者**マクシモス**が職務についていました。興味深いことに、カエサリアの司教であったエウセビオスは、『コンスタンティヌスの生涯』Vita Constantini においても、さらにまた『コンスタンティヌス讃歌』Laus Constantini においても、エルサレムの役割を軽視する傾向を示していました。たとえば、**エウセビオス**は、エルサレムにおける主イエスの十字架の発見の出来事にはおそらく意図的に言及していません。主の十字架は、コンスタンティヌスの治世に発見されたもので、主の受難の都市エルサレムの地位を自ずと高めたに違いないので、エウセビオスは十字架発見の出来事への言及を避けたからだと考えられます。

エウセビオスとは対照的に、エルサレム司教マカリオスは、エルサレムの地位を高めることに腐心しました。彼は、キリストの墳墓や他の聖書の背景となった具体的な場所の存在ゆえに、エルサレムの特別な意義を強調しました。後継者選びに際しては、マカリオス自身が、アレイオス派の司教をエルサレム司教に任命しようとカエサリア司教エウセビオスが画策したことを阻止しました。346年、**アタナシオス**は、流刑から、アレクサンドリアに帰還することを許されましたが、その途中、マクシモスがアタナシオスを復帰させるために、シリアとパレスチナから司教たちの会議を招集しました。当然のことながら、アレイオス派の支持者であり、アタナシオスの敵対者であったカエサリア司教アカキオスは、このような動きを快く思いませんでした。しかし、カエサリア側の思いを無視するかのように、エルサレムにおける会議に参集した司教たちは、アタナシオスの帰還を喜び歓迎する書簡を書き送りました。

カエサリアとエルサレムの緊張関係は、**キュリロス**がエルサレム司教となると、一気に高まります。なぜなら、キュリロスは、自身の司教職が、使徒に遡るとともに、パレスチナでもっとも重要な職務であることを確信していたからです。エルサレムの特別な地位と重要性についての認識は、エルサレムのキュリロスの政治的野心によるものというよりも、彼の信仰に基づく神学的な確信によっていたと考えられます。神学的な確信に基づく認識が、彼の神学的な修辞能力と結びついて、重要な著作を生み出すことになります（ソゾメノス『教会史』4・25・2、テオドレートス『教会史』2・26・6など参照）。

このため、カエサリアの司教アカキオスは、キュリロスに対して反感を持つパレスチナの司教たちとともに、キュリロス追放の画策に参与することになります。このような画策は、キュリロスが、飢饉に直面した民の食糧調達のために、教会の財産の一部を売却した嫌疑をかけられるなどして、執拗に行われました。アカキオスは、キュリロスの召喚を繰り返し求めましたが、キュリロスは応ぜず、結局357年、キュリロス不在のまま、キュリロスの追放が決定され、代わってエルサレム司教には、**エレウテロポリスのユティキウス**が任命されたのです（ヒエロニムス『著名人列伝』a348、エピファニオス『パナリオン』73・23・7）。

教会史家**テオドレートス**によれば、キュリロスはまずアンティオキアに赴き、それからタルソスに到達しました。タルソスでは、キュリロスは司教**シルヴァヌス**に迎えられ、当地で教えたり、教会の牧会的働きに参与する機会を得ました。アカキオスは、キュリロスがタルソスで働き場を得たことを知ると、シルヴァヌスに書簡を送って、それを禁じるように依頼したことがわかっています。執拗なキュリロス批判と攻撃は続いたのです。

このような追放期間に、キュリロスは皇帝コンスタンティウス2世に訴えて、すべての司教ではなくて、アカキオスとその一派の不当な仕打ちを、会議の場で正すように懇願しました。このような懇願は、特異な出来事であったと言えます。なぜなら、教会によってなされた決定を、世俗の君主に訴えた例は、それまでなかったからです。

359年には、皇帝は東方の諸教会の司教たちに、対立する信仰に関わる条項を議論するために、セレウキアに参集するように命じ、問題の討議をさせました。実際に地中海世界各地から、160人の司教たちが集まったと伝えられています。コンスタンティウスの名代であるレオナスが臨席していたにもかかわらず、審議は混乱を極めました。その理由は、一つには教理上の対立があり、さらには追放されたキュリロス自身が会議に出席を許されるかどうかという手続き上の問題からだと推量されます。

アカキオスとキュリロスの対立は、審議全体に大きな影響を与えました。アカキオスは、司教たちの前で教理問題を議論することをむしろ避けようと願ったアレイオス主義者たちの指導者であり、タルソスのシルヴァヌスやアンキュラのバシレイオス、エウスタティウスさらにラオデキアのゲオルギウスなどから支持を得ていました。一方、キュリロスの一派は、全体的には多数を占め、その主張は**ホモウシオス**（御父と御子の同質）というよりも**ホモイウシオス派**（208頁）と呼ぶべきものに近かったものの、ニカイア信条を好意的に受け入れていました。アカキオスの一派には、およそ36人の司教たちがおり、信仰定式をめぐる審議の後、新しい信仰箇条を提示しました。

結果として、アレイオス主義者の一団は、多数派のキュリロス一派に退けられて、議場を去ることになり、キュリロスは再び司教に任ぜられました。逆にアカキオス一派は、追放を宣言されました。アカキオスは、セレウキアを去ると、コンスタンティノポリスへと向かい、そこで皇帝コンスタンティウスに面会し、事情を逐一説明して、再度キュリロス追放を働きかけました。アカキオスは、キュリロスが、皇帝の下賜した司教の着衣を、経済的困窮を極める民を助けるために売りに出してしまったこと、しかもその着物が町の劇場で俳優が身につけていたという証拠があることなどを訴えて、キュリロスの落ち度を明らかにしました。これらの訴えが功を奏し、皇帝はキュリロスに激怒して、最終的にはキュリロスは追放されてしまいます。

セレウキア会議後の359年秋には、キュリロスはユティキウスから司教職を引き継ぐために、エルサレムに帰還しました。キュリロスは、カエサリアの諸問題に介入するとともに、アカキオスに代わってフィルメノスという人物を司教にたてることで、アカキオスの免職と不在を利用したのです。アカキオスは、コンスタンティノポリスを離れていたために、キュリロスはこの機会をとらえて、パレスチナにおけるエルサレムの優位と法的な優位を我がものとしようと試みました。しかし、キュリロスの栄光は長くは続きませんでした。なぜなら、コンスタンティノポリスの宮廷における、アカキオスの策動によって、360年のコンスタンティノポリス会議で、キュリロスは再び追放されたからです。エルサレムの司教座は、アカキオスの一派に属するエイレナイオスなる人物によって奪われてしまいます。

その後も、エルサレムの司教座の権威確立をめぐる争いは、5世紀半ばのユウェナーリス司教（~458年）の時代まで継続しますが、ここではこれ以上概観を続ける必要はないでしょう。わたしたちがここで十分認識しておくべきは、『洗礼志願者の秘義講話』が書かれた4世紀半ばの時代は、コンスタンティヌス体制の形成期でありつつも、形成の内実は、なおきわめて流動的な時代であった点です。

キュリロスがエルサレム司教であった時代には、エルサレムへの巡礼が活発化します。有名なエゲリアの巡礼がなされたのは、381年から384年のことであり、エゲリアは384年にエルサレムに滞在し、その地の復活祭の諸典礼を記録にとどめました。エルサレム巡礼の慣習が広がると、主イエスの人としての地上の生涯への関心が高まるとともに、エルサレムで行われる典礼に新しい方向を与えることになります。アレクサンドリア学派のキリスト論は、歴史を超えたところからのロゴスの受肉へと神学的関心が注がれたのに対して、キリストの生涯の歴史的な側面への関心を促したのです。復活祭の祝祭は、受肉、十字架、復活、昇天など神の救済の業のすべてを記念する典礼と位置付けられるようになります。同時に、主の誕生から昇天に至るまでの祭りは、一年の別々の暦の中で祝われるようになり、一種のキリスト教的な暦が形成されるようになり、「時の聖化」が生じたとも言われます。

巡礼者の波がエルサレムにこれまで以上に押し寄せると、司教の役割はさらに増大していきます。旅人や貧しい巡礼者への配慮。巡礼者がもたらす富の管理や運用、諸典礼における役割、さらには増大する人口がもたらす紛争において、対立する利害の調停など司法の責任者としての役割が求められるようになるのです。

司教が果たす役割の大部分は、必ずしもエルサレム固有の現象ではなく、古代末期諸都市において、かつて都市エリートたちに期待されていた役割が、台頭するキリスト教の司教たちの務めとして自覚されたことによります。しかし、以下で考察する洗礼志願者の教育と入会儀礼において司教の果たすべき役割は、エルサレムが主イエスの受難と復活の町であったゆえに、固有の神学的な特徴を持っていたと見ることができます。同時に、キュリロスの残した『洗礼志願者のための秘義講話』は、洗礼志願者のための教育のプロセスと内容を伝える、完全な形で残存する唯一の史料ゆえに、古代教会における聖餐の神学と実践に関心を寄せる者には、必須の文献ということになるでしょう。

4世紀後半のエルサレムにおける洗礼志願者の教育と洗礼

洗礼は、罪に支配された古い自分が死んで、罪赦された新しい人間が誕生する出来事であり、新しい生の出発点であることは、今も昔も変わりはありません。すでに、洗礼と聖餐の神学的意味は、使徒教父や弁証家たちの著作、さらにはヒッポリュトスの『使徒伝承』、アレクサンドリア学派の教父たちの著作に明らかにされてきました。4世紀半ばのキュリロスの『洗礼志願者のための秘義講話』は、当時の礼拝や祭りだけでなく、聖餐の神学と実践をまとまった形で証言する資料です。

キュリロスは、この講話の中で、洗礼志願者の登録から始まって、洗礼入会に至る過程を詳述しています。洗礼志願者の登録は、レントの前に行われたと思われます。エゲリアの説明では、司教がカテケーシス受講者に、洗礼志願者として登録し、洗礼準備に入るように伝達します。このような伝達にもかかわらず、必ずしも多くのカテケーシス受講者たちが、登録を済ませたわけではなかったと思われます。アンブロシウスやニュッサのグレゴリオス、ナジアンゾスのグレゴリオスらは、洗礼志願者の名乗りをあげる人の数が少ないと不満を漏らしているほどです。なぜ、カテケーシス受講者でありながら、洗礼志願者の登録に至る人々が、必ずしも多くはなかったかというと、洗礼入会を先送りしようとする傾向があったと考えられています。なぜなら、洗礼を受けて、キリスト教徒となるためには、厳格な道徳的な規範に服し、またそのための試問を受ける必要があったからです。キュリロスの時代には、幼児洗礼は必ずしも一般的ではなかったゆえに、洗礼志願者の多くは、異教徒、ユダヤ人、サマリア人などの成人であったと考えられます。

さて、洗礼志願者の登録のための試問は、レントの第二日（月曜日）に、聖墳墓教会（the Martyrium）で公的に行われました。エゲリアによれば、聖墳墓教会の会堂内で、長老たちに列席の下、志願者が一人ずつ試問を受けました。志願者には、証人の出席が要請され、「この人物は洗礼志願者として登録するにふさわしい生活を送っているか」「両親を敬っているか」「酒飲みもしくはほら吹き、偽善者ではないか」など、志願者の道徳に関わる悪徳の有無を司教が問いただしました。古代教会では、洗礼執行の直前には、悪魔祓いが行われ、洗礼志願者の登録にあたっても、志願者が悪徳に染まっていないかが問われました。これも、すでに11章「古代教会の救済論」で指摘した悪や悪魔との戦いと洗礼という救済の出来事の結びつきを示唆しています。

これらの試問がいかに重要な意味を持っていたかは、エルサレムの聖墳墓教会の大聖堂内で、長老、司教、証人さらには、エルサレム滞在中の巡礼者たちの前で試問が行われたことからもわかります。このような試問の結果、洗礼志願者への登録が完了すると、カテケーシス受講者は、**フォティゾメノイ**と呼ばれるようになります。

さて洗礼志願者としての登録が済むと、洗礼志願者は、katharsis（カタルシス）と呼ばれる時期へと入ります。この時期は、照明を受ける生への移行期です。キュリロスによれば、洗礼志願者は死んで、再び生まれることを意味しました。キュリロスは、マタイによる福音書22章12節に言及しながら、新しい衣をまとうものとしての新生を暗示します。

キュリロスの最初の講話（プロカテケーシス）は、信仰の説明というより、真剣かつ誠実に献身することの勧めが書かれています。「あなたがたの間には、シモン・マグヌスがいてはなりません。さらに偽善者、何をしているのかと詮索する不真面目な好奇心に満ちた人がいてもなりません」（Procatech. 2. 5）と述べています。「シモン・マグヌス」とは、使徒言行録8章に出てくる魔術師シモンのことです。ペテロとヨハネが持つ聖霊を授ける力を金で買おうとした人物です。後に聖職者の職務を金で買おうとすることを「シモニア」と言われるようになり、その言葉の起源になりました。

洗礼志願者に登録した人々は、単なる好奇心からそうした人々や雇用主の要求を満たすためという実利的な動機を持つ人々など様々でした。物質的で実利的な利益のために受洗するということは、現代でも起こります。キリスト教がローマの公認宗教となった時代には、洗礼を受けることで地位や仕事を得たいという動機が存在したことは、想像に難くありません。そこで、キュリロスは、洗礼志願者が勤勉に講話を聴講し、一続きになった講話を聞き逃すことがないようにと勧めるのです。志願者は、町で起こっている些細な事件などに関心を奪われることなく、祈りや聖書朗読、断食の実践などによって、歴史を超えた神へと思いを集中すべきとも語っています。さらに、志願者は、他のカテケーシス学習者を含めて、洗礼志願者の登録者以外の人々に教えを漏らしてはならないと戒められました。登録者はいわゆる「**機密保持の原則**」(disciplina arcani)を保つように諭されました。これは、信仰の奥義を守ると同時に、自己の利益のためという不純な動機から、キリスト教共同体への入会を志す者をできるだけ見分け、排除しようとする教会の試みに他なりません。

洗礼の準備は、二つの部分から成り立っていました。第一は、言葉による教理の指導であり、第二は悪魔払いでした。悪魔払いは、洗礼の準備には不可欠な儀礼であり、息を吹きかけることによって志願者の体から、悪霊を追放し、息を吸い込むことによって聖霊を招来せしめることをのです。このような悪魔払いの諸行為によって、洗礼志願者は浄化されると考えられたのです。現代の教会は、悪魔祓いの儀礼を洗礼式から排除しましたが、そもそもキリスト教は、悪や悪霊と聖霊の識別を常に意識していた宗教でした。先にみたように、救済において起こる神化もまた、単に静的な（スタティック）な観照から成り立つのではなく、悪魔や悪霊との熾烈な戦いを不可避と考えました。この伝統は、16世紀の宗教改革者たちにも受け継がれています。

さて、悪魔払い、罪の告白、断食によって、人々は洗礼準備のために清められます。悪魔払いは、アナスタシス（復活聖堂）における朝の祈りの直後に、毎朝早く行われました。司教が直接悪魔払いを行ったのではなく、下級の聖職者に属した悪魔払い師がその任にあたりました。悪魔払いの儀礼の間、志願者の目は閉じられ、男女は分けられ、順番を待つ間も、聖書の言葉を唱え、祈り、讃美をささげることが求められました。悪魔払いを受けた後、聖墳墓教会の殉教者廟Martyrium（マルテュリウム）では、司教が椅子に座ったまま、教理の指導を行いました。すでに洗礼を受けた者もそこに連なることができました。エゲリアによれば、講話は朝の6時に始まり、9時に終わったとされており、3時間を費やしたことになります。しかし、キュリロスの証言からは、351年の段階では、講話そのものはもっと短かった可能性もあります。講話の後に、聖書の説明が続いたと思われます。

カテケーシスの中で最も重要なのが、**信条の解説**でした。Traditio symboli（トラディティオ・シンボリ）と呼ばれた司教による信条の伝達は、カテケーシスの初期段階で行われました。キュリロスは、第五講話で信条をすでに提示し、それに続く講話で逐語的に信条の内容を講義しています。エゲリアの報告によれば、信条の講義が終了し、洗礼が施される前になると、すべての洗礼志願者は、殉教者廟の後陣の椅子に座った司教のところに赴き、司教に向かって信条を復唱しました（redditio symboli（レディティオ・シンボリ））。この信条の復唱が350年代にすでに行われていたという確たる証拠は、キュリロスの記述以外にはありませんが、エゲリアのエルサレム訪問の時代（384年前後）には、実施されていたことがわかっています。キュリロスは、志願者は逐語的に暗記し、復唱することの重要性を強調しています（Catech. 5. 12）。志願者がこれを十分なしえることができると、いよいよ洗礼式に臨むことになります。

洗礼は、復活祭の前夜、復活祭の日曜日の夜明けに執行されました。主イエスが、死から復活の生命へと移されたことを記念するためでした。洗礼によって、志願者は古い自分を後にして、「復活の」新しい体へとよみがえります。5つの『洗礼志願者のための秘義講話』（Mystagogical Catecheses）は、この時代の洗礼式を再構成するための貴重な一次史料です。5つの講話のうち最初の3つの講話は、洗礼の秘義についての講話であり、最後の二つが、聖餐の秘義に関するものです。洗礼志願者は、はじめに洗礼堂の控え室に入ります。そこで西方を向いて、「手を伸ばして、その場にいるものに対して言うように、『立ち去れ、サタン』と唱えるように指示され」（邦訳『中世原典資料集成2――盛期ギリシア教父』146頁）ました。サタンを追い払う定式の言葉は、志願者自身が語るように求められました。「お前のすべての業と絶縁する」「サタンによるすべての華美なものと絶縁します」「おまえの祭儀と絶縁する」。その後、光の場所である東を向いて、三位一体への信仰を次のように告白しました。「父と子と聖霊と回心の唯一の洗礼を信じます」（邦訳148頁）。このようなサタンの拒絶と信仰告白を終えると、志願者は衣を脱いで、頭の頂から足の先まで、悪魔払いの油を塗ってもらうために、洗礼堂に入ります。衣を脱ぐことも、塗油されることもすべて象徴的な意味を持ち、それが説明されています。塗油が終わると、志願者たちは洗礼堂内の「聖なる水槽」（Myst.Catech. 2. 4, 邦訳151頁）に導かれ、「一人ひとりが、父の、子の、そして聖霊の名を信じるかと尋ねられました。そしてこの救いの告白をしては三回水に浸かり、また水から上がりましたが、それでキリストの三日間の埋葬を暗に象徴していたのです」（2. 4, 邦訳151頁）と記されています。これらの記述をまとめてみると、次のようになります。

①洗礼は、イエス・キリストご自身の洗礼命令に基づいて執行される教会の業。しかし、そ

れは一個の教会への入会儀礼という性質を超えて、悪とサタンの世界から離脱して、キリストによってもたらされた新しい生命の世界へと入るコスモロジカルな儀礼と考えられている。

②洗礼は、イエス・キリストの地上の生涯を辿る仕方で意味づけられている。その場合、旧約の預言の成就という視点が常に伴っている。

③洗礼の奥義と不思議さが常に意識されている。特に洗礼という秘義の効果を説明して、「私たちはほんとうに死んだのでもなく、ほんとうに墓に入ったのでもなく、ほんとうに十字架に架けられて復活したのでもありません。しかし、模倣がかたどりにすぎないとしても、救いは真実なのです」（邦訳152頁）と語る。ここには、キュリロス特有の「サクラメンタルな現実主義」（sacramental realism）という前提が存在する。

④ローマの信徒への手紙6章3～5節の引用によって、洗礼によって私たちがキリストの死にあずかるものとなったこと、それによって罪の赦しを得たことが結論として示される。しかも、これこそ、コリントの信徒への手紙一11章2節の言葉によれば、私たちの教会に伝えられた（教えの）伝統であると言われる。

『洗礼志願者のための秘義講話』の聖餐論

『洗礼志願者のための秘義講話』第四講は、聖餐についての講話となっており、洗礼を受けた者が与る聖餐の奥義を司教であるキュリロス自身が解説しています。これら聖餐に関する講話もまた、殉教者廟内の朝の礼拝後に、アナスタシスでなされたと考えられます。従って、講話は午前11時前後に始まったと考えられます。そこには、新しく洗礼を受けた者たちばかりでなく、出席を希望する信仰者もまた列席しました。しかし、アナスタシスの扉は閉められており、カテケーシス受講者はそこに入ることは許されませんでした。聖餐の奥義は、奥義のまま保たれ、信仰者以外には閉ざされていました。

キュリロスの講話は、聖餐の制定の事実から出発します。コリントの信徒への手紙一11章23節以下がまず示され、「このパウロの教えは、あなたがたがあずかってキリストと一つの身体となり一つの血となった神的秘義について、あなたがたが確信するのに十分でしょう」と語り始めます。パウロが伝える聖餐の制定の言葉は、キリスト自身に遡るものであると同時に、キリストの体に与って、キリストと一つ肉となり一つの血となる秘義であるとはじめから強調されています。最後の晩餐における主イエスご自身の制定ゆえに、「これは私の体であり」「これは私の血である」という言葉の内容に疑いをさしはさむなどということはありえないというのが、キュリロスの確信でした。

　キリスト自身の制定の言葉から、「あらん限りの確実さをもって私たちはキリストの体と血とにあずかっています」と述べた後、キュリロスは再びパンとブドウ酒という物素の形でキリストの体と血が与えられているが、「それは、キリストの体と血とにあずかってキリストと一つの体となり一つの血となるためです」と前出の文章を繰り返しています。この反復は、明らかにキュリロスの論点を明確化するものであり、聖餐の奥義とは、信仰者がパンとブドウ酒をいただくことによって、キリストと一つになるところにあると言われていることは明らかです。

　キュリロスの聖餐理解には、パンとブドウ酒をある種の象徴とみなすという考え方はありません。「キリストの体と血とを私たちの中に摂り入れることによって、私たちは〔キリストを運ぶ者〕にもなるからです。そのようにして、聖ペトロが言うように『神の本性に与る者』（Ⅱペトロ1：4）になるのです」と言われています。

　キュリロスの聖餐理解の鍵概念の一つは、「与る」です。この「与る」という概念は、用いられているギリシア語には差異がありますが、ローマの信徒への手紙6章3～5節にも見られます。洗礼とは、古い自己が死んで葬られて、キリストの死に与る者となったことを意味します。ローマの信徒への手紙6章と聖餐理解の響き合いこそ、私たちが聴き取るべきサクラメントの奥義と言えるでしょう。
聖餐によって、キリストの肉と血に与るとは、パンとブドウ酒によって、キリストの現臨を確信することに他なりません。しかも、その現臨の確信は信仰によります。キュリロスはこの点を次のように述べています。

「したがって、それらが単なるパンやブドウ酒であるような態度を採ってはいけません。というのも、主(しゅ)の宣言によって、それらは体であり血であるからです。実際、感覚だけでもそう思われるかもしれませんが、信仰によってそのことを確固たるものにしなくてはなりません。このことは味覚によって判断するのではなく、信仰によって十分に確証されなくてはなりません。すでにあなたはキリストの体と血とに値するとされているのですから。」（邦訳、159頁）

次にキュリロスは、聖餐の霊的意味を、旧約における予型という観点から明らかにします。詩編23編5節「私を苦しめる者を前にして、あなたは私の前に食卓を用意してくださる」は、悪魔が主なる神の到来以前の汚された食卓を用意してきたのに対して、今や主なる神が、神秘的で霊的な食卓を整えてくださった出来事の予型であると理解しています。旧約の詩編の該当テキストは、明らかに予型論的に読まれ、新約における聖餐制定と結ばれています。

さらにコヘレトの言葉9章7節、1章2節などに、聖餐の予型を読みとります。「さあ、あなたのパンを喜んで食べなさい」（コヘレトの言葉9：7）の「パン」とは、「霊的パン」のことであるとキュリロスは解釈します。そして信仰者の確信を次のように解説しています。

> これらのことを学んで次のことをあなたは確信します。見かけのパンが味においてはパンであるにしてもパンではなくてキリストの体であり、見かけのブドウ酒が味はブドウ酒であるにしてもブドウ酒ではなくてキリストの血であること、そしてまたこのことについてダビデがかつて歌ったのだということを。『そしてパンは人の心を強くし、香油によって顔は喜びに輝く』（詩編104：15）。このパンを霊的パンとして受け取って、心を強くしなさい。そして魂の顔を輝かせなさい。明らかにされたことを清い心で持ち、主の栄光を鏡のように映して、栄光から栄光へと、私たちの主イエス・キリストへと進むように（IIコリント3：18）。そのキリストに代々限りなく栄光がありますように。（邦訳、161頁）

キュリロスの思想では、聖餐は、悪霊あるいは人間の諸霊の業から区別された聖霊の業として理解されました。とりわけコリントの信徒への手紙二 3章18節の引用は重要です。聖餐においてこそ、イエス・キリストの現臨が確信され、しかもその現臨は、天的な栄光の現れと考えられました。キュリロス以前のギリシア教父たち、ディデュモス、アタナシオス、バシレイオスらの聖霊の神性の論証もまた、コリントの信徒への手紙二 3章18節を論拠としていました。キュリロスは、聖霊の神性と諸霊の識別のモチーフを、聖餐理解に導入していると言えます。

さて、キュリロスは第五講話の中で、聖餐の儀礼の実際を解説しています。まず、聖餐に伴って、二つの準備の儀礼が行われます。**第一**は、「手を洗う」という儀式、**第二**は「互いの口づけ」という儀礼です。「手を洗うこと」は、罪と咎とを完全に清めることを象徴し、詩編26編6節の実現であると解説しています。「互いの口づけ」は、教会外の口づけとは違って、互いの魂を結び合わせ、互いにすべてのわだかまりをなくすためのものであると説明します。マタイによる福音書5章23節以下を掲げて、教会員相互の和解の大切さが、この儀礼によって暗示されているというわけです。

続いて、キュリロスは司教の「心を上へ」という呼びかけの説明をしています。聖餐に与る時にこそ、「心を上へ、神へと向けるべきであって、下へ、世俗や地上の出来事に心を向けてはならないのです」とはっきりと述べています。「心を上へ」という奉献文は、すでに3世紀初頭のヒッポリュトスの『使徒伝承』が伝えている呼びかけの言葉ですが、キュリロスによって、この言葉の意味が一層はっきりと解説されたと考えてよいでしょう。

次に司教は、「主に感謝しましょう」と呼びかけます。それに会衆が答えて、「それはふさわしい」と応答します。いずれも、神の主導によって、聖餐が行われ、恵みに値しない人間に恵みと善が施された不思議と喜びが満ちています。キュリロスの奉献文は、頌栄的な調べの強いものであり、神讃美は、洗礼志願者の口からだけでなく、全世界の被造物の口からも発せられます。聖餐の讃美は、前被造物が発する大合唱の趣を呈しています。「その後で、天と地と海、太陽と月、星々、理性のある生物とない生物、見えるものと見えないもの、天使たち、大天使、力、主権、頭、権能、王座、多くの顔を持つケルビムを祈念して、強くダビデの歌を口にします。『私とともに主を讃えよ』（詩編34：4）……」

このような全被造物の讃美の合唱の中で、聖霊を求める祈り（エピクレーシス）がささげられます。「それは、パンをキリストの体に、ブドウ酒をキリストの血にするためです。というのも、聖霊が触れたものはすべて聖化され変容するからです」。

エピクレーシスに続いて、「とりなしの祈り」がささげられます。とりなしは、「諸教会の平和のため、この世の平穏のため、諸王のため、軍隊と同盟軍のため、病気の人々のため、苦しんでいる人々のため、要するに、助けを必要とする人々のために」ささげられるのです。さらにすでに死の眠りについた人々、族長たち、使徒たち、殉教者たち、教父や司教たちも含めて祈りがささげられます。この場合、とりなしの祈りは、「私たちの罪のために犠牲とされたキリストをささげ、彼らと私たちのために、慈悲深い神にとりなしをするのです」とキュリロスは記しています。

犠牲としての聖餐理解は、すでに2世紀後半にリヨンのエイレナイオスが展開しましたが、キュリロスの聖餐論では、とりなしの祈りと結ばれて出てくる点が興味深いところです。このとりなしの祈りの後に、「主の祈り」がささげられます。キュリロスは、そこで主の祈りの解説をしています。『洗礼志願者の秘義講話』の重要部分は、**三要文**（使徒信条、十戒、主の祈り）の一つ「主の祈り」であることを見逃してはなりません。すでに主の祈りの解説は、3世紀初頭にアレクサンドリアのオリゲネスによってなされましたが、キュリロスでは、カテケーシスの一部に取り入れられているところに特徴があります。

主の祈りの解説部分には、いくつかの特筆すべき点があります。**第一**に、キュリロスの「天」の概念です。「天にましますわれらの父よ」を解説して、私たちに罪に汚れた人間が、神を「父」

と呼ぶことができる幸いがまず語られた後、キュリロスは次のように言います。「ここでいう天とは、おそらく、天上界の似姿を抱く人々のことでもあり、そこに神は住まわり、巡り歩きの場としているのです」。キュリロスにとっての「天」とは、天と地というような空間概念ではなくて、神がおり、そこに神の似姿を持つようになった人々が赴くところでありました。このような空間概念を超えた天の概念は、16六世紀の宗教改革者カルヴァンなどに継承されています。

第二に、「日用の糧を今日も与え給え」をキュリロスは、「われらの実体的な糧を今日も与え給え」と解釈しています。「日用の」とは、ギリシア語でエピウーシオンであり、「明日の」とか「次の日のための」とも訳せる言葉ですが、キュリロスは「実体的な」という意味にとって、以下のような解説を付しています。「普通のパンは実体のあるパンではないのに対し、これらの聖なるパンこそ実体のあるパンであって、つまり、魂の本性に適うものとして定められているのです。このパンは、腹を通って外に出されるものではなくて、心身双方の役に立つようあなたの隅々にいき渡るのです」。キュリロスは、主の祈りの一節が、聖餐のパンという実体的な糧を求めるものと解釈しているのは、興味深いことです。

キュリロスの聖餐の物素の理解に、中世以降の「実体変化説」を読み込むことはできませんが、パンとブドウ酒を普通の食物としてではなく、キリストの体であり血としての実体であるとはっきりと理解している点は重要です。T・F・トランスは、このようなキュリロスの聖餐理解を、サクラメンタルな客観主義（sacramental objectivism）と表現しました。このような objectivism を共通の遺産と伝統として、中世から宗教改革時代の聖餐理解は展開されたことを忘れてはならないでしょう。なぜなら、わたしたち日本のプロテスタントのクリスチャンは、こういうサクラメンタルな客観主義をほとんど持たないからです。

さて、キュリロスの『洗礼志願者のための秘義講話』は、聖餐の物素に与ることの解説で閉じられます。目の前に置かれたパンとブドウ酒が神聖であるのは、聖霊の訪れを受けたからであるとまず指摘し、「あなたがたも聖なる者となりましたが、それは聖霊に値するとされたからです」と言います。聖なるものにふさわしくされた志願者が、今やパンとブドウ酒をいただくのです。次に、「『聖なるは一つ、主は一つ、イエス・キリスト』とあなたがたは言います。一なるものはまことに聖であり、本来的に聖なのです。というのも、私たちはまた神聖であるにせよ、本来的にではなく、ここにあずかり、節制して、祈ることによって神聖であるからです」（邦訳、168頁）と続けます。キュリロスは、聖なるものにふさわしくされた洗礼志願者は、パンとブドウ酒をいただくにふさわしいものとされたとしても、それは本来的に聖なのではなく、聖なるものに与ることで、神聖となると主張します。ここでも、聖性への「参与」（メテクシス）の思想が見られます。

その後、神的な旋律で志願者が聖なる秘義の交わりへ招かれ、「味わい、見よ、主の恵み深さを」（詩編34：9）を歌った後、「判断を身体的な喉にではなく、揺るぎない信仰に委ねなさい。というのも、口にする際にあなたがたはパンとブドウ酒を口にするのではなく、キリストの体と血のしるしを口にするからです」（邦訳168頁）と勧告します。

第18章　カッパドキアの教父たちと三位一体論の形成

すでに16章「信仰と敬虔に生きる――バシレイオスの思想の深み」でも解説を加えましたが、思い起こす意味で、もう一度カッパドキアの三教父について概説しましょう。カッパドキアの三教父とは、4世紀後半に活躍した小アジア（現在のトルコ）の東部カッパドキア出身の三人の教父をさします。**バシレイオス**とその友人**ナジアンゾスのグレゴリオス**、バシレイオスの弟で**ニュッサの司教となったグレゴリオス**の三人です。彼らは、裕福な貴族の家庭に生まれ、若き日に哲学を修め、きわめて高い志と教養を兼ね備え、公認されたキリスト教を弁証するとともに、異なる教えと戦い、**三位一体論の形成**に寄与しました。そこで、**カッパドキアの三星**とも呼ばれるほど、尊敬された古代教父です。

バシレイオスとナジアンゾスのグレゴリオスは、ともにアテナイに遊学する親友であるとともに、相互に刺激しあうライバルでもありました。二人のグレゴリオスは、アテナイ遊学後に、ある事件が発端となって袂を分かちます。さらにバシレイオスの弟ニュッサのグレゴリオスも、兄の影響力から逃れようとして、辺境の地ニュッサの町の司教となります。このように三人の間には、微妙な対立と緊張関係があったことは事実ですが、彼らの神学は、やがて4世紀末の三位一体論形成に貢献し、381年の**ニカイア・コンスタンティノポリス信条**に反映していきます。さらには、バシレイオスを中心に、彼らの故郷アンネシに、ハンセン病の施療院などが創立されて、キリスト教の古代における病院の起源となりました。また同時に修道院が創立されて、バシレイオスは、修道士大規定（大会則）、修道士小規定（小会則）と呼ばれる修道院規則を作成し、これらが6世紀のベネディクト会の修道規則に影響を与えました。すでに、この時代には、小アジア各地に禁欲修道士集団が形成されていましたが、シリアの孤住修道制度のような極端な禁欲の実践ではなくて、中庸を守る共同体形成が規則によって明らかにされました。

バシレイオスとニュッサのグレゴリオスという兄弟は、祖父母が「大マクリナ」と呼ばれた、グレゴリオス・タウマトロゴスから薫陶を受けたことを誇りとしていた女性でした。グレゴリオス・タウマトロゴスは、オリゲネスの弟子であり、前にご紹介したオリゲネスへの告別の辞を述べた人物です（112頁参照）。大マクリナは、オリゲネスの学統に連なることを生涯誇りにしていたと伝えられていますから、3世紀半ばオリゲネスからおよそ100年後の小アジアにも、オリゲネスの神学的伝統が息づき、継承されていたことはたいへん興味深いところです。大マクリナから始まるこの家族は、複数の司教とともに、キリスト教会と修道会のリーダーとなった人々を輩出しています。すでに、キリスト教は、迫害される宗教の時代を脱して、文化を摂取しながら、キリスト教独自の教えと後の教会の土台となる信仰箇条の形成に大きな力を注ぐ時代へと突入していたのです。

ナジアンゾスのグレゴリオス——三位一体論への貢献

4世紀に生きたカッパドキアの三教父の一人ナジアンゾスのグレゴリオスの言葉をまず紹介しましょう。

無限なる三者の無限なる結集。それぞれを観照すれば、それぞれが神である。御父として、また御子として、また聖霊として。それぞれがその固有性を保っておられる。一緒に合わせて考えれば、三者が一つの神である。同一本体性のゆえに、モナルキアのゆえに。私が一性(ト　ヘン)について考え始めるや否や、三者の輝きに私は包まれます。私が三者を切り離す

や否や、私は一性へと連れ戻されます。（『神学講話』40『中世思想原典集成2盛期ギリシア教父』所収）

ここには、**父と子と聖霊なる三位一体の神**が、それぞれ固有性を保ちながら、一つの神であり、常に神の一性へと回帰することが述べられています。それにしても不思議な言葉です。数学の問題のように、三位一体なる神の三と一の関係を解こうと思っても、わたしたちは、簡単には解答を得ることができないことをナジアンゾスのグレゴリオスは知っていました。

使徒言行録7章54節以下によれば、ステファノは、イスラエルの偶像崇拝の罪の歴史を非難するとともに、自分を捕らえ尋問する目の前の最高法院の人々の罪と過ちを激しく批判しました。人々の怒りに取り囲まれたステファノは、このとき、聖霊に満たされ、天を見つめ、神の栄光と神の右に立っておられるイエスを見て、「天が開いて、人の子が神の右に立っておられるのが見える」と言います。やがて、この言葉を聞いた人々は大声で叫びながら耳を手でふさぎ、激しい怒りによって、ステファノを都の外に引きずり出して、石打の刑にしてしまいます。

このステファノの殉教に臨んだ、父と子と聖霊こそ一つなる神であり、ステファノの三位一体なる神の経験そのものと言えます。聖霊は、ステファノという信仰者の体に宿りました。聖霊の注ぎによって、ステファノは天の父なる神とともに神の右におられる復活し高挙した主イエス・キリストをはっきりと仰ぎ見ることができたのです。信仰者が三位一体の神の命に与って生きる実例がここには示されています。

ニュッサのグレゴリオス――類まれな思索家

もう一人のグレゴリオス、ニュッサのグレゴリオスの言葉を紹介しましょう。

魂の衝動・志向を妨げるものが何も存在しなければ、魂は天上的な欲求によって、前に在るものに向かって自己を伸展・超出させ、つねに自己よりもより高いものに成ってゆくのである。それは使徒の言う通りであって(フィリピ3:13)、そうした魂は絶えずより高い方へとその飛躍を増大させるのだ」(『モーセの生涯』2・225以下『キリスト教神秘主義著作集1』所収)

ニュッサのグレゴリオスは、兄バシレイオスとは異なり、アテナイに遊学せず、小アジアにとどまって独学で教養を身につけたと言われています。兄とは異なり、教会政治の表舞台に出ることも躊躇しました。このような性格によるのでしょうか、兄やナジアンゾスのグレゴリオス以上に、神秘的思索と呼べるほど、深く内省的な神学的思索を展開しました。

ここに紹介した一節は、ニュッサのグレゴリオスの主著『モーセの生涯』からの文章です。この書物は、出エジプト記が描くモーセの生涯に沿いながら、信仰者の生き方と人間論を主題としています。とりわけ出エジプト記19章に出てくるシナイ山へのモーセの登頂の物語から、わたしたち人間の魂が神のおられる天へと上昇する有様を描き出しています。

先に引用した箇所で、ニュッサのグレゴリオスは、さらにフィリピの信徒への手紙3章13節「兄弟たち、わたし自身は既に捕らえたとは思っていません。なすべきことはただ一つ、後ろのものを忘れ、前のものに全身を向けつつ、神がキリスト・イエスによって上へ召して、お与えになる賞を得るために、目標を目指してひたすら走ることです」から、わたしたちキリスト教徒の生き方を明らかにしていきます。「前のものに全身を向ける」という言葉は、ギリシア語で「エペクタシス」と言います。神という真の徳（アレテー）にわたしたちは真剣に与ろうとして体を伸ばし、「飛躍へと緊張と志向を常に新たにして、モーセがシナイ山に登攀して神に出会ったように神のもとに赴くところに、人間が人間となる姿があるとグレゴリオスは考えました。

将来に向かって、神の約束と導きを信じて、しかも暗闇の中にある神ご自身の本質との深い交わりを目指して、前のものに向かって体を伸ばす生き方に信仰者の生の真髄を読み取ったのです。

カエサリアのバシレイオス――神の親さに生きる

神への親さ、このことは、霊によってである。「神はわたしたちの心の中に『アッバ、父よ』と呼ぶ御子の霊を送ってくださった」（ガラテヤ4：6）のであるから。（バシレオイス『聖霊論』19・49）

バシレイオスは、紀元330年ごろに、小アジアのカパドキアの裕福な家庭に十人兄弟の長男として生まれました。先に述べたように、祖母大マクリナは、オリゲネスの弟子であったグレゴリオス・タウマトロゴスから薫陶を受けたことを誇りとした女性でした。

このキリスト者の家庭では、子どもたち、孫たちは豊かなキリスト教の教育を施されたことがわかっています。バシレイオスは、若き日にアテナイに遊学し、その後故郷に戻って、修辞学の教師を務めたあと、父の死と弟の死をきっかけとして、財産を処分し、洗礼を受けて、ネオカエサリアのイーリス川近郊のアンネシという場所に隠棲し、修道生活を始めました。やがて、小アジアのカエサリアの司教に選任されると、その地のキリスト教会の霊的な指導者となるとともに、多くの著作を残しました。

ここに紹介したのは、バシレイオスが当時聖霊の神性を否定する人々を論駁する目的で書いた『聖霊論』からの一節です。『聖霊論』には、「神への親さ」という大変印象的な言葉が何度も用いられています。神への親さは、聖霊によるのだと言われるのです。なぜなら、ガラテヤの信徒への手紙4章6節の言葉通り、神はわたしたちの心の中に、「アッバ、父よ」と呼ぶ御子の霊を送ってくださったゆえに、わたしたちは、わたしたちをはるかに超えたイエス・キリストの父なる神を、「わたしの父」と呼ぶことが許されているからです。

神は絶対であり、万物を越えた方であるのに、神の親さをわたしたちが感じることができること自体が、三位一体なる神の奥義に属します。キリスト者は、三位一体なる神の霊をくださる神の恵みによって、神への親さに生きることの幸いを与えられています。

バシレイオスは、三位一体の神の三と一の関係を次のように表現しています。

神よりの神を拝するとき、私たちはそれぞれのヒュポスタシスの固有性を告白するが、しかし一つのはじめにとどまり、神性を語る言葉をばらばらな部分に引き裂きはしない。

（バシレオイス『聖霊論』18・44）

この時代のギリシア教父は、ウシアとヒュポスタシスという言葉を用いて、三位一体の神の一と三の関係と相違を表現しようとしました。ウシアとは、日本語では「本質」、ヒュポスタシスは「実体」とか「位格」と訳されてきました。

4世紀の教父たちは、父・子・聖霊なる神、つまり三位一体なる神の一と三をどのように説明するかという課題に直面していたのです。すでに、御子イエス・キリストは、御父と本質を同じくするまことの神であることが、**ニカイア信条**に告白され、ニカイアの教父たちは、当初は聖書にはないその言葉を積極的に使うことには躊躇を覚えたとは言え、やがてそれが共通の信仰の言葉となっていきます。しかし、父と子の本質の同一性が確認されたとしても、父・子・聖霊という三なる神のあり方は、神の一性とどのように矛盾無く説明できるかという問題が残されていました。

バシレイオスは、わたしたちが神を礼拝するとき、父と子と聖霊という固有の三つのヒュポスタシスを告白しますが、そのことは、決して神の一性、神の一なるウシア（本質）を壊すことではないと説明しています。重要なことは、バシレイオスが、一と三の数の問題を何か数学の問題のように解こうとしているのではないということです。むしろ、わたしたちが、信仰をもって、神を神として礼拝するときに、父と子と聖霊という三つのヒュポスタシスが、同時に一つのウシアであるという三位一体なる神の奥義が明らかにされると語っているのです。バシレイオスは、ウシアとヒュポスタシスという二つのギリシア語を用いながら、礼拝という経験を通して、はじめて三位一体論の奥義が明らかになると考えました。つまり、三位一体の奥義は、神を礼拝し、讃美する者にのみ、明らかにされる**奥義**なのです。

第19章　アウグスティヌスの生涯と信仰——遍歴から確信へ

アウグスティヌスは、古代末期の最大の**ラテン教父**です。中世のローマ・カトリック教会の神学のみならず、宗教改革の神学、近現代の神学に多大な影響を及ぼしました。もし、アウグスティヌスが存在しなかったなら、神学の展開の様相は、相当違ったものになっていたことでしょう。アウグスティヌスの神学は、彼の生涯と密接な関係があります。幸い、アウグスティヌスは40歳になったころ、『告白』という書物を書いて自分の魂の遍歴を明らかにしました。西欧文化が、内省と省察の文化となったのは、アウグスティヌスが書いた『告白』によるとさえ言われます。そこで、まずアウグスティヌスの生涯を年表にして辿ってみましょう。

アウグスティヌスの生涯

354年11月　ローマ属州アフリカのタガステに生まれる。
361年　隣町マダウラの初級学校へ
370年　カルタゴに出るが、すぐに都会にうずまく欲望の虜になる。。「私はカルタゴに来た。すると、わたしは四方八方から恥ずかしい愛欲に取り囲まれてしまった。それはちょうど煮えたぎった大釜（サルタゴ）のようであった」（『告白』3・1・1）。
371年　女性と同棲
372年　息子アデオダトゥス誕生
373年　キケロ（BC106～43）の『ホルテンシウス』（断片訳と構成案は、廣川洋一「キケロ『ホルテンシウス』」を参照）を読んで、真理探求の旅に出る。「この書物こそ、私の気持ちを一変させた」（『告白』3・4・7）。
374年　カルタゴよりタガステに戻る。家庭教師として働くが、**母モニカ**と対立。仲たがいして友人宅に起居。**マニ教**に関わり、布教活動する。親しい友人が病床で洗礼を受けるが、アウグスティヌスはそれを無意味と主張。アウグスティヌスは心の煩悶を覚える（『告白』4・4・7）。
376年　再びカルタゴへ。小さな塾を開き教える。妻子と母を招き新しい生活。有名になることを期して、詩のコンクールなどに応募する。占星術にもひかれる。しかし、それらも不確実と知るようになる。

382年　マニ教の教師ファウストスに直接会うが、彼の雄弁や魅力に疑問を持つようになる。マニ教には安住できない自分を発見。さらに有名になり良い地位を得たいと願う。

383年　母モニカを振り切って、ローマへ。ローマの外港オスティアに着くと、一時重篤な病を得るが回復。**修辞学**を教え始める。ローマでヘレニズムの懐疑論的な哲学（新アカデミア派哲学）に触れる。

384年　ミラノの国立学校の修辞学教師となる。ミラノで新プラトン主義の哲学とミラノ**司教アンブロシウス**に出会う（『告白』5・13・23）。

385年　母モニカがミラノへ。女性と別離。女性はひとりでアフリカに帰る。母の勧めもあって資産家の娘と結婚。忘れ難い経験。皇帝に頌詞をささげるつとめを与えられる。しかし、酔いどれの乞食と遭遇して、本当の幸いとは何かを考える（『告白』6・6・9）。

386年　修辞学者**テオドロス**の勧めで、マリウス・ウィクトリヌスがラテン語に訳した「プラトン派の書物」を読む（『告白』7・9・13）。

386年夏　ミラノで回心。子どもたちの歌声「取りて、読め」に導かれて聖書を開く。ローマの信徒への手紙13章13節によって**回心**（『告白』8・12・28）。
386年　修辞学教師を辞し、カッシキアクムに移る。そこで友人や弟子たちと共同生活を送る。そこで『幸福な生活』『アカデミア派駁論』『秩序』『ソリロキア』など初期著作を書く。
387年　ミラノに戻り受洗の準備。4月24日イースターに**受洗**。秋、ミラノからローマへ。オスティアでアフリカ行きの船を待つ間に、母モニカとともに祈り瞑想する（『告白』9・10・23〜26）。母モニカ死去。そこで、アフリカ行きを一時見合わせる。
388年秋　イタリアからアフリカへ帰省。旧友たちと再会。
390年　アデオダトスの死去。愛児を記念して『教師論』を書く。
391年　ヒッポ・レギウスへ。**司祭職**に就任。修道院を教会内に設立。
395年　ヒッポの**司教**になる。
397年　アンブロシウス死去（『告白』執筆）。
410年　ゲルマン民族のローマ侵入の激化。西ゴート族によるローマ陥落。ローマのキリスト教化によって、帝国が滅亡する憂き目に会っているというキリスト教批判に対して、『**神の国**』を書く。
430年　死去。この年に、北アフリカのも侵攻したヴァンダル族が、ヒッポ・レギウスを包囲。

この年表からわかることがいくつかあります。

第一に、彼が生きた時代は、古代末期（Late Antiquity）と呼ばれる時代であったということです。古代末期は、かつては、古典古代の文化文明の生気が尽きて、消え果てる時代と考えられていました。18世紀のイギリスの歴史家**ギボン**は、キリスト教嫌いで有名でしたが、古代ギリシア・ローマ文化の栄光は、キリスト教がローマを支配する古代末期に潰えていくと考えました。しかし、20世紀の学問研究は、古代末期は、古代と中世をつなぐ、豊かで活発な精神活動が行われた時代と見るようになりました。アウグスティヌスその人が、古代末期の特質を代表しています。

第二に、アウグスティヌスは、北アフリカの人であったということです。北アフリカと言っても、古代地中海世界の東側に位置するアレクサンドリアというギリシア語圏ではなくて、イタリア半島の対岸に位置する北アフリカ（現在のチュニジア、アルジェリア）を出身地とするとともに、生涯をヒッポという町の司教として過ごしました。つまり、アウグスティヌスは、イタリアのローマやミラノでの5年余りの歳月を除いて、生涯のほとんどを北アフリカで送ったのです。彼が、北アフリカ人であったと言われる所以です。

そういえば、アルジェリア出身のフランスの作家アルベルト・カミュが、アルジェの大学の論文で、アウグスティヌスに関わる哲学問題をテーマにしたことも、偶然ではないでしょう。

第三は、アウグスティヌスは、長い思想遍歴の果てに、キリスト教に至りついたということです。マニ教、新アカデミア派哲学、新プラトン主義哲学など、新興宗教や流行していた哲学の虜になりました。アウグスティヌスの思想の解明には、彼が接触したこれらの宗教思想や哲学思想との関係の解明が不可欠になります。

第四に、彼の生涯は、母モニカとの関係、カルタゴで同棲した女性、その間に生まれたアデオダトスとの関係など、家族の問題と不可分です。本書では取り上げるスペースはありませんが、この分野についての興味深い研究や考察も多くなされてきましたことを忘れることはできません。G・クラークの『アウグスティヌスの母モニカ——平凡に生きた聖人』（教文館）や山田晶『アウグスティヌス講話』（講談社学術文庫）などをご覧ください。

第五に、アウグスティヌスは、北アフリカのヒッポで司祭、そして司教として長く過ごしました。その間に、**ドナティスト論争**、**ペラギウス論争**などに巻き込まれます。論争と神学書の執筆を継続して行いましたが、同時に彼はヒッポの教会の司教として、いわば牧会者（司牧者）として活動しました。20世紀に発見された書簡から、彼がミラノを去って、北アフリカに戻った後、ローマ帝国の中心地から離れ去った後には、彼のつつましく、いささか色あせた晩年が待っていたのではなく、まったく反対に牧会者として生き生きと働く司教の姿を読み取ることができます。アウグスティヌスは、生涯にわたって、牧会者（司牧者）であったのです。

最後に、アウグスティヌスが生きたのは、古代ローマがキリスト教化していくとともに、ゲルマン民族の侵入によって社会の崩壊が始まる時代です。この歴史の現実が、晩年の畢生の大作『神の国』の執筆の動機となります。キリスト教化したローマが、繁栄するどころか、なぜ崩壊するのか。これは、キリスト教を受容したローマ帝国全体に突き付けられた大きな問いとなりました。アウグスティヌスは、その問いに答えるように、促された生涯を送ったと言えるでしょう。アウグスティヌスの神学が壮大な歴史の神学へと展開していくのも、彼の生きた時代の背景ゆえなのです。

アウグスティヌスの思想の背景

先に述べたように、アウグスティヌスは、長い魂の遍歴を経て、キリスト教信仰を持つに至りました。生涯のうち、5年余を除いて北アフリカで生活しましたが、行く先々で書物と出会い、人と出会いました。また幼少からの教育によって高い教養と文化を獲得しました。そこで、チャドウィック『アウグスティヌス』（教文館）を参考にしながら、アウグスティヌスの思想的な背景を概観してみましょう。

まず、彼の思想には、哲学的な背景がありました。アリストテレスやプラトンを、ラテン語の翻訳で読んだと思われます。アリストテレスの『範疇論』に精通していた証拠があります。また、ストア哲学への関心を抱いていたこともわかります。しかし、アウグスティヌスの思想の背景となったのは、何といってもプラトン哲学です。プラトン哲学全般というよりも、ギリシア語からラテン語に翻訳された新プラトン主義哲学を通して、その影響を受けました。彼が、ミラノに赴いたとき、シンプリキアヌスらの学問サークルに加わりますが、その際、ラテン語に翻訳されたプラトン派の書物を読んだと『告白』には記されています。この「プラトン派の書物」とは、マリウス・ウィクトリヌスによってラテン語に翻訳された新プラトン主義者のプロティノスの『エネアデス』と思われます。新プラトン主義とは、プロティノス（205〜270年）が創始し、その弟子ポルフィリオス（250年頃〜305年頃）によって紹介された思想です。アウグスティヌスは、「プロティノスの中に『プラトンが再び生まれ変わった』（『アカデミア派駁論』3・41）のを見たと表明しています。チャドウィックによれば、「新プラトン主義は、ストア主義の倫理学の主要な教えを取り入れ、またポルフィリオスの手によってアリストテレスの論理学からも多くを吸収することによって、古代後期における他のすべての哲学上の立場をことごとく支配するようになった」（チャドウィック、17頁）と言われます。

このような新プラトン主義の哲学に傾倒するまで、アウグスティヌスは、思想的な遍歴をします。まず、人生の出発点となったのは、キケロの『ホルテンシウス』という対話篇でした。若きアウグスティヌスは、ここから真理探究の旅へ出たのです。キケロが理想として掲げたものは、万人の求める幸福が自尊心と真の友情とをただ破壊するしかない快楽生活の中には見出し得ないという認識でありました。キケロは、万人が幸福になろうとしているにもかかわらず、大多数は不幸であるという逆説的な事態を論じて、人間の悲惨は摂理が下した一種の判決に違いなく、現在の私たちの生活は、実際、前世で人間の姿をとったときに犯した罪に対する償いかもしれないと結論づけました。

真理探究の旅に出たアウグスティヌスを待ち受けていたのは、ペルシア起源の**新興宗教マニ教**でした。マニ教は物質界についての嫌悪感を表明し、極端に禁欲的な道徳を支持する論拠をアウグスティヌスに提供しました。マニの精神においては、性と暗闇とは内部で密接に結びついていましたし、暗黒は悪の本質とされました。興味深いことは、マニ教が、勃興しつつあったキリスト教の教えを取り込み、イエスについて一定の理解を持っていたことです。創始者のマニは、イエスを生涯の最後に十字架につけられた歴史上の人物としてよりも、すべての人間性が持つ宿命を象徴する存在として形而上学的に理解していました。マニは、キリスト教から得たものを、すべて二元論的で汎神論的枠組みによって解釈していたのです。アウグスティヌスは、このマニ教に十年間も帰依し、伝道活動に従事していましたが、年表にもあったように、当時の指導者であった**ファウストゥス**という人物と直接会って話を聞くと、疑念を抱くようになります。この経験が発端となってマニ教から離れることになるのです。

その後アウグスティヌスは、同棲してきた女性との別れ、ミラノの国立学校の修辞学教師となるべく、イタリア半島の北部の町ミラノに向かいます。彼がミラノに赴いたことで、人生の決定的な転機が訪れます。人間の出会いは、住まう場所を変えることで起こることは、昔も今も変わりません。アウグスティヌスは、ミラノ司教**アンブロシウス**との出会い、それまで劣った思想・哲学とみなしていたキリスト教の福音の力を知るようになります。

アンブロシウスは、３７４年にミラノの司教となっていましたが、それ以前にはこの地域の属州長官でありました。アンブロシウスは、ギリシア語に精通していたので、カエサリアのバシレイオス、フィロン、プロティノスらの著作を読むことができました。さらにアウグスティヌスは、ミラノのキリスト教知識人**シンプリキアヌス**の影響を受けます。この老人の手引きで、教養ある身分の高い階層の学問サークルと接触することもできました。アウグスティヌスが、プロティノスやポルフィリオスなど新プラトン主義の著作に親しんだのも、このサークルを通してでした。

最後に、アウグスティヌスの**回心の問題**を取り上げましょう。アウグスティヌスの回心には、そこに至るプロセスがありました。すでに概観してきたように、キケロ、マニ教、新アカデミア派哲学などの思想遍歴を経て、最後に新プラトン主義に出会います。そこで彼の回心を新プラトン主義を経由しての回心と見ることもできます。実際、アウグスティヌスは、生涯にわたって、新プラトン主義の書物の恩恵にあずかったことを認めていることは確かです。しかし、『告白』が記すように、ミラノのある家の庭園で子どもたちが「取りて、読め」と歌う声に導かれるように、聖書を取り出して読んだ箇所が、ローマ書13章13節（日中を歩むように、品位をもって歩もうではありませんか。酒宴と酩酊、淫乱と好色、争いとねたみを捨て、主イエス・キリストを身にまといなさい。）でありましたから、福音による回心は、苦しい懐妊期間を経て、それが絶頂に達した時、それまでの思想遍歴での経験をいわば乗り越えて、まったく新しい信仰の世界へと足を踏み入れたことを意味しています。その意味で、アウグスティヌスの回心は、思想遍歴の延長線上にあるというよりは、それらを乗り越えたところにあると言った方が正確でしょう。

アウグスティヌスの確信（明確な3つの点）

さて、回心後のアウグスティヌスが抱いた確信はどのようなものだったでしょうか。先のチャドウィックの書物（『アウグスティヌス』）に従って、まとめてみましょう。

①秩序ある世界は、至高の力であり善である存在（神）に由来し、単に偶然的な諸存在のうちの最善のものというわけではない。むしろ世界は、わたしたちの精神がそれよりも優れたどのような存在の観念をも考え出し得ないほどの完全性を持っている。だから、至高なる「かのお方」すなわち至高かつ善なる神は、畏怖と礼拝をささげるにふさわしい対象である。

②いま実際に私たち人間が経験している自然本性は、創造者の意図には一致してない。人間の悲惨は社会的かつ個人的エゴイズム（罪）によっていつまでも継続されているために、人間は無知、可死性、人生の短さ、意志の弱さ、とりわけ真の善に対する反抗的で頑迷な拒絶につきまとわれ呪われている存在である。そこで、人間は、永遠の生命による救済と罪の赦し、神の愛に基づく回復を必要としている。

③至高にして善なる神は、私たちが生きている時間と歴史の内部で働く方である。神は時間と歴史を超越しておられるが、私たちに知識、生命、力そして謙虚さを与える。神の活動は主イエスにおいて頂点に達する。主イエスは、その生涯と教えと至高なる「父なる神」の独り子としての関係によって、人間性の模範となる。主イエスは、受肉と死という謙虚さ、

すなわち自己卑下によって神の愛の賜物を具体化した。堕落した人間を救うためのこの神の働きに近づく道は、信仰によって、また主イエスに従う者たちの共同体に固くよりすがることによって見いだされる。この共同体は、主イエスによって福音と共に、また水、パン、ブドウ酒というサクラメントの契約のしるしと共に委任されて構成されているものである。その際、聖なる御霊は、人を神に結び付け、主イエスの復活が究極の保証となっている、来るべき生命への希望を授け、神の前における聖徒らの交わりに適するように個人の人格的な道徳生活を可能にする。

アウグスティヌスの神学

i　サクラメントと教会理解（ドナティスト論争を通して）

ドナティスト論争とは、303〜305年のディオクレティアヌス帝の大迫害時代に、カルタゴ司教カエキリアヌスの叙階をアプトゥンギの司教フェリクスが行ったことめぐって、カルタゴの諸教会に生じた対立と抗争のことです。フェリクスは、聖書を引き渡した者（traditor）と噂され、厳格派がこれを非難しました。312年ヌミディアの司教たち70人を厳格派は集めて、カルタゴで教会会議を開催し、カエキリアヌスの叙階を無効と決定しました。その結果、対立司教マヨリヌスをたてたのです。しかし、315年にマヨリヌスは死去してしまいます。ドナトゥスが後を継いでカルタゴ司教となりますが、対立司教の擁立によって、**カエキリアヌス派**と**ドナトゥス派**は分裂することになりました。

皇帝も仲裁裁定を行わせますが不調に終わり、ますますドナトゥスは分離を強めていきます。316年には、皇帝は、ドナティストに反対の裁定を下し、それに服さない場合には、指導者追放、教会財産の没収という強行策に出ました。しかし、かえって彼らの熱狂主義的な態度を煽ってしまうという結果を招きます。ドナティスト派は、自らを「聖なる教会」「汚れなき殉教者の教会」と呼び、自分たちが聖霊を保持し、自派のみが洗礼をはじめとするサクラメント授与の権能を有効に保管していると主張したのです。特に北アフリカでは、大衆を先導し、336年にはカルタゴには270人の自派の司教を集めて教会会議を開催できるほどになります。

アウグスティヌスは、391年以後司教としてこの論争に対処しました。当初は、アウグスティヌスは、ドナティスト派に対して和解的態度をとって説得にかかりますが、途中から（404年の第9回カルタゴ会議あたりから）態度を変えて、ドナトゥス派に対して断固反対の立場を取るようになります。400年に書かれた『**洗礼論**』、400〜402年頃に書かれた『**ドナティストのペティリアヌスの手紙駁論**』が、アウグスティヌスの代表的なドナティスト反駁書です。

ドナティスト論争は、ドナティスト派とカトリック教会という具体的な政治宗教集団の衝突という事象であったことは事実です。しかし、北アフリカにおける土着の教会と地域のローマ化に賛同する教会の対立抗争という側面も見逃してはなりません。つまり、ドナティスト派の宗教性は、アフリカ的特色の保持という可視的な教会の具体的なあり方によって維持され、それに対向した、より普遍的な価値観に裏付けられた宗教性の模索が、カトリック教会によって行われたと見ることができます。同時にそれら異なる集団の神学は、北アフリカの神学的な土壌を3世紀半ばに創り上げたキプリアヌスの神学的遺産を継承しながら、それをどう解釈するかという問題を争点としていました。

キプリアヌスの教会論は、北アフリカの正統な教会論としての伝統をアウグスティヌスの時代まで保っていたのです。その意味で、ドナティスト派は、古代アフリカの神学的伝統を保持した共同体であったと見ることができます。これ対して、カトリック教会は、この北アフリカという地域的な神学的伝統を修正して、キプリアヌスの再解釈によって、それをより普遍的なものへと昇華させたところに特色があったということができましょう。

キプリアヌスは、『カトリック教会の一致について』（『中世思想原典集成』4）で、次の二点を主張しました。キプリアヌスの主張については、すでに本書8章でも概説しました。ここでは、アウグスティヌスの教会論を説明するために、再度繰り返しを厭わずに、少し説明を加えながら、キプリアヌスの教会理解を復習してみましょう。

①教会の分裂は正当化されない。いかなる理由があっても、教会の一致は破られてはならない。教会の境界線を越えることは、救いの可能性を喪失することに他ならない。この思想は、有名な「教会の外に救い無し」（salus extra ecclesiam non est, Epistulae, 73, 21）という言葉に集約される。教会の一致の聖書の典拠はマタイによる福音書16章18〜19節であった。教会に一致は常に不可欠であり、司教職も一つであり、分かち得ない。

②背教者もしくは分裂司教は、キリスト教会の教職として働いたり、サクラメントを執行するすべての権限を剥奪されるべきとする。教会の領域の外に追放されることによって、彼らは霊的な賜物と権威を失う。それゆえに、彼らは司祭や司教の任命を許可されるべきではない。彼らが任命した者は、誰であれ効力のない任命とみなされるべきである。また彼らが洗礼を施した場合には、その洗礼は無効とされるべきである。

キプリアヌスの立場は、キリストの花嫁（教会）には、姦通に誘われるような汚れはありえないというものでした。キリスト教会から離れ去る者は、キリストの報いも受けることができないのであり、聖徒ではなく、まさにキリストに敵対する者といわねばならないと考えました。ここから、「教会を母として持たない者は、神を父として持つことができない。」（『カトリック教会の一致について』6、邦訳189〜190頁）という有名な言葉が導かれます。

以上の議論の道筋をたどりながら、キプリアヌスは、次のように結論しました。

①唯一なる教会は存在する。従って、教会を分裂に導く者は、教会の境界を越えて教会との交わりを止めてしまうものである。教会の一員となることなしに、キリストから救いを得ることは不可能。

②分裂してはならない教会のあり方を示すために象徴を用いている。例えば継ぎ目の無い衣服（ヨハネ19：23〜24）。

このように、キプリアヌスは、分裂をきびしく排除したことは明らかです。しかし、もし一人の司教が迫害下で背教したらどうなるのか、すなわち悔い改めが必要か、あるいは徹底して排除されるべきかという問いが生じます。この問いに対して、キプリアヌスの考えは必ずしも明瞭ではありませんでした。二つの解釈の可能性が生まれます。これが、ドナティスト派とカトリックの相異なる主張を生んだと考えることができます。キプリアヌスの立場のまとめについては、マクグラス『キリスト教思想史入門』（関川泰寛・神代真砂実共訳、教文館）106頁以下を参照して下さい。図式的に描くと、次のようになります。

①教会からの離反によって、司教は背教の罪を犯した。従って、その司教は教会の外に身を置き、もはやサクラメントを正しく執行しうるものとは見なされない。↓ドナティスト派の見解

②悔い改めによって、司教は恩寵のうちに回復され、サクラメントを正しく執行しうる。↓カトリックの立場。

ii　ペラギウス論争と恩恵論、罪論

ペラギウス論争は、アウグスティヌスとペラギウス並びにその弟子カエレスティウス（ケレスティウス）との論争のことです。罪、恩恵、自由意志など多岐にわたる神学的な問題が論じられました。この論争を通して、人間の本性に関して、罪、恩恵、自由意志の諸課題が西方にはじめて自覚されるようになりました。

ペラギウスは、ブリタニア出身の博学で道徳的かつ清い生活を送る修道士でした。350年代に生まれ、380年頃ローマにやって来ます。彼の著作には、ローマの刑法についての知識が反映しており、法律を学んだのではないかと推測されています。410年にローマを去るまで、多くの支持者を得て、霊的道徳的指導者となったと考えられています。

この論争の発端は次のようなものです。アウグスティヌスの『堅忍の賜物』（『アウグスティヌス著作集10』321頁）に、『告白』10・29・40に記されたアウグスティヌスの祈りの言葉「あなたの命じるものを与えたまえ。またあなたの欲するものを命じたまえ」が記されていました。この箇所をある司教が引用したのを聞いて、ペラギウスが憤ったと伝えられていました。なぜなら、そ

の言葉は、人間を一種の操り人形と見ているように思われるからでした。ここから、アウグスティヌスとペラギウスの論争が始まったと記録されています。

ペラギウスの教え

①**自由意志**あるいはいつでも自由に選択しうる可能性（possibilitas）は、人間において失われることのない本質である。なぜならば、神は人間に自発的に善を行う義務と自由意志を与えようと欲し、人間に善悪を選び取る可能性を与えることによって、人間が欲することは人間固有のものであるようにし給うたのである。「自由意志」という概念は、聖書的なものではなく、ギリシア哲学、とりわけストア主義に由来するものである。この語は、二世紀のテルトゥリアヌスによって西方ラテンキリスト教に導入された。アウグスティヌスはこの用語を用いたが、罪によって課せられた人間の自由意志の限界を強調することによって、よりパウロ的な理解を回復しようとした。

②ペラギウスにおいては、罪は事柄（res〔レース〕）ではなく、ただ個々の行為（actus〔アクトゥス〕）としてのみ存在しうるものであり（つまり原罪を否定）、「本性の違反ではなく、意志の違反である」とされる。また罪の遺伝は存在しない。ここから、ペラギウスとその追従者（エクラヌムのユリア

ヌス）にとって、人間は意志の完全な自由を持っており、自らの罪に完全に責任を負うことのできるものと考えられた。ペラギウスによれば、人間は、内なる不完全さを有していても、神の善性を宿している。天秤のアナロギアを用いれば、ペラギウス派は人間の自由意志は完全で対称で釣り合いのとれた天秤皿のようなもので、正しい目盛りを刻んでいる。従って、アウグスティヌスによって主張された意味での恩恵は必要がない。

③罪の普遍性は、悪しき模範と肉欲、それに「長い罪の習わし」から説明される。

④恩恵によって、罪人の存在の歪みは正されるが、それは何と言ってもまさに天賦の自由意志を正しく行使することによって可能となり、次に律法、そして最後にキリストの教えと模範の助けが必要となる。これらの助力により、われわれは「習慣によって習慣を」克服することができよう。

現代のペラギウス研究の一つ、山田望『キリストの模範』（教文館）では、ペラギウスにも義認論や恩恵論はあったと分析されています。山田望氏は、ペラギウス主義とペラギウス自身の考え方を区別しながら、ギリシア神学の影響やパイデイア思想とかかわるギリシア教父の教育論と模範論との関係に注目しています。

アウグスティヌスにおける罪の本質

アウグスティヌスにあっては、人間は、アダムにおいて罪を犯し、「罪の塊」(massa peccati)となり、その結果欲情に支配されていると考えられました。しかも、個々人は、自らの意志で欲情に屈してしまう存在です。換言すれば、人間の意志は罪によって容易に弱めれてしまうのです。アウグスティヌスにとって、人間が深刻な病にあるという事実は、人間がその病にありながら、しかもその病を診断できないところにあらわれています。アダムの罪責とその結果生じた罪の状態とは、免れ難いものとして、全子孫に、従って個々の罪のない新生児にさえ重くのしかかっています。ゆえに、子どもたちの受苦と幼児洗礼の不可欠性も明らかとなります。

かくして、アウグスティヌスは、人間の罪の本質は、「自己愛(amor sui)……すなわち己れを愛そうとすることを己の意志とすること」(『説教』96・2・2)であると確信しました。

われわれ人間は、この罪を統御することはできません。罪は、人間の生誕時より、われわれの生命を汚し、その後の全生活をも支配しているからです。そのような状態に対して、われわれはいかなる決定的な統御の可能性も宿しておらず、罪の状態が個々の罪を生み出していくがままにさせる他ないのです。アウグスティヌスは、このような罪を三つのアナロジーで説明しました。

すなわち、「病」「権力」「法的な罪（犯罪）」です。

このように罪の深刻さをアウグスティヌスは語りますが、同時に人間が神の像に似せて創造されたという創世記の記述から、「人は理性において神の像に似せて造られたのであって、その理性のある特定の火花は、〔そのような堕落した状態にあっても〕彼の中で完全に消えてしまったわけではない」（『神の国』22・24）とも述べています。

ペラギウスにとって「罪」とは、アウグスティヌスとはまったく異なるものと考えられました。何より罪に向かう人間の本質という規定自体が、ペラギウスには無縁でした。ペラギウスは、堕罪後も、人間の自己改良の力は、弱められたとは考えられていません。罪は、あくまで神に対して、人間が意志的になした行為にすぎず、人間はそもそも罪なくして生まれ、その後の行為によって意志的に罪を犯すと考えられたのです。

アウグスティヌスにおける「恩恵」

アウグスティヌスの思想においては、罪によって弱められ、ほとんど無力にされた（しかし、完全には破壊されてはいない）自由意志が回復され、癒されるためには、神の恩恵を必要とします。この恩恵は、人間の功績に応じて賦与されるようなものではなく、「無償で値なしに与えられる」

(『詩編講解』103・3、8、77・24、70・1)のです。「恩恵は、欲しない者には先行し、欲するようにし、欲する者には後続し、いたずらに欲しないようにする」(『エンキリディオン』9・32)とも言われます。アウグスティヌスは、このような恩恵を「**不可抗的恩恵**」(gratia irresistibilis)と呼びました(『恩恵と自由意志』)。恵みの絶対性が力説され、「恩恵の援助を欲することは、恩恵の初めである」(1・2)と記されているように、自由意志に先行する恩恵を説きました。しかも、アダムの堕落以後において、自由を喪失したために、自由意志は罪の奴隷となっていて、自分自身の力ではどうしても善をなしえず、恩恵による他ないと考えられました。しかし、人間は、「自由」を失っても、「善をも悪をもなすための自由意志をもっていることは承認されなければならない」(1・2)とも述べています。「従って、人間の意志の弱さに助けが差し伸べられて神の恩恵によって、意志は不屈で打ち負かされることなく、導かれて意志は弱くとも、挫折することなく、逆境にあっても負けなくなる」(12:38)と主張します。

　不可抗的恩恵は、われわれ人間の意志行為を停止するのではなく、むしろそれを覚醒させるものです。真の自由とは、善と悪の恣意的な選択不可能の自由ではなく、神によって我々の意志が規定されることに他なりません。自由意志とは、善へと自由にされた意志です。

　アウグスティヌスは、この「恩恵」は、すべての人間に与えられるわけではないと考えました。

というのは、すべての人が選ばれた者（electi〔エレクティ〕）ではないからです。これが予定です。アウグスティヌスによれば、「神の予定は、……恩恵の準備であり、他方、恩恵はまさにその予定の効果（effectus〔エフェクトゥス〕）である」（『聖徒の予定について』10・19）と言われます。

アウグスティヌスの言葉に導かれて

アウグスティヌスは、生涯にわたり、数多くの著作書きました。アウグスティヌス自身が膨大な著作を解説した、『信仰、希望、愛』（エンキリディオン、邦訳『アウグスティヌス著作集4』教文館所収）と題した書物を書いているほどです。アウグスティヌスの著作に親しむには、まず『告白』を読み、彼の生涯と思想の遍歴を辿り、その上で『信仰、希望、愛』を読むとよいでしょう。

ここでは、主に『告白』に記されたアウグスティヌスの言葉を断片的ですが、拾い上げ、簡単に解説をつけました。

（1）「あなたは私たちを、ご自身にむけてお造りになりました。ですから私たちの心は、あなたのうちに憩うまで、安らぎを得ることができないのです」。（1・1・1、引用は、すべて中央公論世界の名著『アウグスティヌス』所収の山田晶訳による）。『告白』の冒頭部分に出て来る有名な言葉です。アウグスティヌスは、自分自身を「おのが死の性を身に負い、おのが罪のしるしと、あなたが『たかぶる者をしりぞけたもう』ことのしるしを、身に負うてさまよう人間」と自覚しています。すべて聖書の言葉に由来する言葉を使って、回心に至る恵みを讃美頌栄する言葉で記述するところに『告白』という自伝的な書物の特色があります。

(2)「もしも私が不義においてはらまれたとしたならば、また母が私を罪のうちに胎内に養ったとしたなら、神よ、いったいいずこにおいて、主よ、あなたのしもべであるこの私はいずこにおいて、またいつ、無垢のときがあったでしょうか」(1・7・12):アウグスティヌスは、自分の記憶にはない幼年時代を描くことはしません。しかし、幼児にもまた罪があることを、詩編51:5によって主張しています。これが、いわゆる原罪という考え方です。アウグスティヌスは、人間の生まれながらの罪の深刻さを繰り返し語るのです。罪のゆえに、そこからの救いは、神の御子イエス・キリストの恵みによってのみ可能となります。罪の中にいる自分を振り返りながら、アウグスティヌスは、「じっさい、私は何とみじめであったことか。ある日、そのみじめさを痛感するために、あなたはどのようにとりはからいたもうたことか」。(6・6・9)と語るとともに、救済の恵みのすばらしさを同時に語ります。「したがってキリストのこの恩恵は、――これなしに幼児も成人も救われえない――功績にもとづいて支払われるのではなく、『値なしに』与えられる。このゆえに『恩恵』と呼ばれる」。(『自然と恩恵』4・4)

(3)「聖書はキケロの荘重さには、くらべものにならないと思われました。傲慢にふくれあがっていた私は、聖書のつつましい体裁をいとい、内奥を見通すだけの視力をもたなかった。聖書こそ、小さい者たちとともに生長するはずのものでしたが、私は『小さい者』であるなどは沽券(こけん)にかかわると思い、傲慢にふくれあがって、自分を何か『でっかい』者のように思っていたのでした」(3・5・9)。アウグスティヌスは、19歳の自分が聖書をどのように見ていたかを回想しています。彼は、聖書を貧弱な書物とみていました。聖書の「つつましい体裁」は、その内側にある宝を見通すことを妨げていたのです。後にアウグスティヌスは、聖書の霊的な意味を発見しますが、そこに至るまでの聖書観が語られているのが、この箇所です。聖書の真実に至りつくまで、アウグスティヌスもまた長い月日を要しました。

（4）「とりわけ、『旧約聖書』のなかの一、二の章句が、さらにまた多くの章句が、しばしば比喩的に解かれるのを聞いたとき、その感を深くしました。これらの箇所は、文字通り解したために、私は殺されていたのです。そこで『旧約聖書』の多くの箇所が霊的な意味に解釈されるのを聞いて、ともかく私は、律法や預言者を嫌悪し嘲笑する人々に反対することは全然不可能だと信じこんでいた自分の絶望を、咎めるようになりました」（5・14・24）。これは、アウグスティヌスがミラノで司教アンブロシウスの説教を聴いて、徐々に聖書への偏見から解き放たれて行ったことを告白している箇所です。「霊的意味」とは、三世紀のアレクサンドリアのオリゲネス以来、古代の教会では、人間の肉—魂—霊という三分法を聖書解釈にもあてはめるという伝統を背景にしています。肉は、文字通りの字義的意味、魂は道徳的意味、そして霊は神の啓示の書としての聖書の最も深い意味を示します。

（5）「……もしも私たちの救い主キリストにおいてあなたの道をさがさなかったならば、通暁するどころか破滅していったことでしょう。……あなたの書物について熟考するに先だち、まずそれらの本が思いがけず手に入るようにあなたが欲せられたのは、思うに、それらの本からうけた感銘が記憶にきざみつけられたのちに、あなたの書物によって馴化され、あなたのいやしの手によって傷の手あてをうけたとき、僭越と告白とのあいだの何という大きな相違があるか、ゆくべき方向を知りながらいたるべき方法を知らない人々と、至福の国にみちびいて、それをながめるだけでなく、ついにそこに住まわせるにいたる道（キリスト）とのあいだの何という大きな相違があるかを、はっきりと認識するためだったのです」（7・20・26）。アウグスティヌスにとって、聖書はキリストへの道を示すものでした。この道を進むことが、破滅への道と対極にあることが語られています。

（6）「……そこで私は、いそいで、アリピウスのすわっていた場所にもどりました。そこに私は、立ちあがったときに、使徒の書を置いてあったのです。それをひったくり、ひらき、最初に目にふれた章を、黙って読みました」（8・12・28）。『告白』の中でも、もっともよく知られたアウグスティヌスの回心の場面です。アウグスティヌスが読んだ聖書個所は、ローマ13：13です。この個所を読んで、アウグスティヌスの心から、「疑いの闇は消え失せてしまい」、信仰の道へと至ることになるのです。

（7）「私は、あの『詩編』をよむたびごとに、何という声をあなたにむけてあげたことでしょう。読みながら何とあなたに向かって燃えあがったことでしょう。熱心のあまり、できるならば、人類の傲慢に反対して、全地上に『詩編』を誦したいと熱望したほどです」（9・4・8）。古代教父にとって、詩編は、わたしたち人間世界のすべてを語る書物と移りました。16世紀のカルヴァンが、詩編150編全体を「人間の解剖図」と呼んだように、詩編の言葉から人間と世界の現実、しかもたいていは悲惨で罪深い現実を知らされました。アタナシオスは、『マルケリヌスへの手紙』を書いて、詩編全体をどう読むかを、病床にあるアレクサンドリアの長老に書き送りました。

（8）「したがってキリストのこの恩恵は、――これなしに幼児も成人も救われえない――功績にもとづいて支払われるのではなく、『値なしに』与えられる。このゆえに『恩恵』と呼ばれる」。（『自然と恩恵』4・4）。値なしに神の恵みが人間に与えられることを書いた『自然と恩恵』に出てくる有名な箇所です。信仰によって義とされ、不可抗的な恵みの注ぎによって、人間は救われるというのがアウグスティヌスの確信でした。この考え方は、宗教改革の時代にルターやカルヴァンによって再発見されました。もちろん、アウグスティヌスの思想の再発見は、ローマの信徒への手紙1章や3章のパウロの「信仰義認」理解の再発見でありました。

(9)「しかし、私たちはこの世を愛しておきながら、どうして神を愛することができましょうか。ですから、私たちの内に愛が宿るように［神が］備えてくださいます。二つの愛があるのです。この世への愛と神への愛です。この世への愛が住み着いているなら、そこに神への愛が入り込む余地はありません。この世への愛が立ち退けば、神への愛が住み着きます」。(『ヨハネの手紙Ｉ講解説教』2・8)。アウグスティヌスは、わたしたちに神の愛と人間の愛の区別を教えました。神の愛は、わたしたち人間の愛が退き、失われたところに働きます。神の愛は、愛の無いところに、創造的に働くのです。

第20章　母なる教会と三位一体論

母なる教会という言葉の使用と概念――エイレナイオスとテルトゥリアヌス

古代教父たちは、しばしば教会を母なる教会と呼びました。母なる教会という言葉は、教父たちの発明というより、新約聖書のガラテヤの信徒への手紙4章26節に基づくものでした。そこには「他方、天のエルサレムは、いわば自由な身の御名であって、これがわたしたちの母です」とあります。使徒パウロが、天のエルサレムである見えない教会を母と呼んでいました。使徒教父においては、「ヘルマスの牧者」のように、教会を老婦人とみなす用例がないわけではありませんが（『ヘルマスの牧者』2・4・1、3・5・1）、積極的な教会論の萌芽を読み取ることは困難です。しかし、二～三紀にかけて、グノーシス主義の「教会論」と対峙する過程の中で、「母なる教会」という言葉が教父たちによって積極的に用いられるようになります。

すでに概観しましたように、グノーシス主義は、知恵の教師と呼ばれる指導者を中心にして、しかも、使徒に遡ると宣伝された伝承の担い手たちによる伝統の私的独占を行う集団でした。ヴァレンティノス派のグノーシス主義者は、教会（エクレーシア）は神秘的なアイオーンであり、万物が由来する原初のオグドアス（男女を一対とする合計八対の至高のアイオーン）の構成物と考えました（エイレナイオス『異端反駁』「キリスト教教父著作集」3／1、小林稔訳、教文館、I・2・2、I・11・1、I・12・3）。つまり、グノーシス主義者たちは、使徒の伝承を独占的に継承する知恵の教師たちを唯一の通路として、神秘的なアイオーンとしての「教会」の一員に加わることで、その各成員が洗礼や聖餐に参与して、救いへと導かれると考えたのです。これに対して、後に「正統」と呼ばれるようになる教会は、職務による伝統の継承という理解を明瞭に提示していたことになります。エイレナイオスは、『異端反駁』の中で、教会を新しいイスラエルとして描き出し、それが、キリストの栄光ある身体であり、キリスト者の母であると明確に述べています（『異端反駁』V・32・2、V・34・1など）。さらに、母としての教会の比喩は、信仰者が母の懐に抱かれて、福音という乳を飲むイメージと結ばれています。エイレナイオスは次のように言います。

教会のある所に、神の霊がある。また神の霊がある所に、教会とすべての恵みがある。聖霊が真理だからである。したがって、聖霊にあずかることのない者たちは母の胸に抱かれて乳

を飲むこともなく、キリストの身体から発する栄光ある泉の水を飲むこともない。（Ⅲ・24・1）

エイレナイオスは、ヴァレンティノス派の異端を論駁するために、『異端反駁』を執筆しましたが、その目指すところは、グノーシス主義の過ちを聖書によって反証し、教会を通して継承されてきた福音の真理を示すことにありました。福音は、母である教会に抱かれた者が、ちょうどキリストの身体から発する栄光ある泉の水を飲むように、信仰者によって飲まれるものです。どこまでも、信仰者は、自分の意思で教会から霊的な飲み物を与えられるべきなのです。霊的な飲み物は、真理である聖霊が満ちる教会において、信仰者に与えられます。エイレナイオスによれば、「教会こそが生命への入り口であって、他のものは『すべて盗人であり、強盗である』。したがって彼らを避け、できる限りの誠実さをもって、教会に属することを愛し、真理の伝承を堅持すべき」（『異端反駁』Ⅲ・4・1）だからです。このような教会理解のすぐ後に、教会が伝える伝承の命令が紹介されて、三位一体的な信仰定式が次のように示されます。

その「伝承が伝える」命令を、キリストを信じている多くの無教養な異邦諸民族は受け入れる。彼らは紙と墨でではなく、霊によって自分たちの心に書かれた救いを持っており、古い伝承を注意深く守っており、［次のような方を］信じている。［すなわち］天と地とそこにあるものすべての創造主なるひとりの神［と］神の子キリスト・イエス、すなわち自分が形成したものへの溢れる程の愛の故に処女からの誕生に身を服し、自らを通して人を神と一致させ［た方］、救われる人々の救い主・裁かれる人々の裁き主として栄光のうちに来ることとなっており、真理を変える人々や、その父［を軽んじ、］また彼の再臨を軽んじる人々を永劫の火に送る方［を］［ギリシア語を解さないガリアのキリスト者は信じている］。（『異端反駁』Ⅲ・4・2）

言うまでもなく、2世紀後半のエイレナイオスには、4世紀後半のカパドキア教父のような三位一体論を見いだすことはできません。しかし、すでにエイレナイオスは、『使徒たちの使信の説明』6において、父と子と聖霊への信仰が、教会という「建物の土台」であり、それが父と子と聖霊なる神の名による洗礼定式に基づくことを論じています（エイレナイオス「使徒たちの使信の説明」6、『中世思想原典集成1　初期ギリシア教父』、小林稔他訳）。この個所は、古代教会における、「祈りの法則と信仰の法則」lex orandi（レックス オーランディ）と lex credendi（レックス クレデンディ）の密接不可分な関係の例証として挙げられることが少なくありませんが、同時に、先の『異端反駁』Ⅲ・4・2とあわせて考えると、三位一体の神への信仰こそ、母なる教会の土台であるとの理解を内包させていると言えます。

伝承が伝える命令とは、マタイによる福音書28章19節以下に記された、「父と子と聖霊の名によって洗礼を施しなさい」という復活の主の伝道命令と考えられます。それを受け入れた人々は、無教養な異邦人であっても、霊によって魂に刻まれた救いを持っているのであり、知恵の教師の秘義的教えを媒介する必要も、知恵（グノーシス）に与る必要もなく、古い伝承を受容し、それに生きさえすれば良いのです。トランスが指摘したように（「洗礼によって、教会は自らの名によってではなく、父と子と聖霊の名によって存在する」T. F. Torrance, Trinitarian Faith. cit. p. 256）ようになります。つまり、エイレナイオスにあっては、グノーシス主義論駁の核心には、三位一体論と母なる教会の結び付きのモチーフが存在するのであり、これが、後で見るように、のちの教会の信仰の遺産として継承されていきます。

エイレナイオスの時代には、創造的な知性によってイデアが無形の物質に適応され、それによってわたしたちの世界が生み出されたと説明をする哲学的な伝統が存在しました。そのような教説は、後の哲学史家が「三つの原理」と呼んだものであり、三つの創造的原理を提唱する教えでありました。しかし、このような哲学的な「三つの原理」が、何らかの形でキリスト教の三位一体論と関係があった痕跡を見いだすことはできません。むしろ、テルトゥリアヌスのように、このような哲学的な三つの原理を主張したヘルモゲネスを攻撃している用例を見いだすことができるだけです（この点については、スティッド『古代キリスト教と哲学』78頁以下を参照）。あるいは、フィロンが行った形而上学的な神の言表や新プラトン主義の三元理解を前提とする哲学が、三位一体論形成に影響を与えた痕跡もありません。キリスト教の三位一体論は、哲学的な神とキリスト、聖霊理解の整合的な説明ではなく、洗礼の経験に基づく、信仰経験に発するところの、教会の生を背景にして生み出されてきたものです。このことの明確な証拠は、2～3世紀にかけて、ますます明らかになっていきます。

さて、テルトゥリアヌスは、『洗礼について』20・5の中で次のように述べています。

そこで、神の恵みによって望まれて祝福された皆さん。この上なく聖なる洗礼の浴槽から新しく誕生した皆さんが、そこから上がって出てきて、母［である教会］の傍らで、初めて兄弟たちとともに手を広げて祈るときに、父［である神］に求めなさい。そして恵みの宝と霊の賜物の分配に服従することで主に求めなさい。（テルトゥリアヌス「洗礼について」『中世思想原典集成4、初期ラテン教父』、佐藤吉昭訳、平凡社、68頁）

ここでは、洗礼の実践と母なる教会への入会から、父なる神への呼びかけと求め、さらに霊の賜物の分配に服すべきことが語られています。テルトゥリアヌスにあっては、教会は多様な比喩や形（figura）で語られています。例えば、「箱舟（arca）」や「宿営（parembole）」「キリストの身体（corpus Christi）」「三にして一であるもの（trinitas）」「霊（spiritus）」「花嫁（sponsa）」「処女（viriginibus）」そして「母（mater）」などです。これらの比喩や形は、それぞれ語の背後に、豊かなヘレニズム文化の影響を読み取ることができます。実際、ランキン（Rankin）という研究者は、それらを逐一挙げて分析しています（David Rankin, Tertullian and the Church, Cambridge, 1995, p. 65ff.）。ここでは、詳細を検討することはできませんが、興味深いことは、「三にして一であるもの」自体が、教会を表す一つの比喩となっている点です。実際、デェーレ（D'Ales）は、『テルトゥリアヌス神学』の中で、「テルトゥリアヌスにとって、教会とは三位一体に他ならない」と明言しています（D'Ales、La theologie de Tertullien, p. 326)。

テルトゥリアヌスは、申命記19章1～2節、マタイによる福音書18章16節、コリントの信徒への手紙 二 13章1節などのテキストを、マタイによる福音書18章20節「二人または三人がわたしの名によって集まるところには、わたしもその中にいるのである」とともに用いています。『迫害からの逃亡』De Fuga in Persecutione 14. 1. では、「もし教会があなたにとって一つなるものであるなら、あなたは一人だけで、逃げ回ることはできない」と言い、さらに『貞潔の勧めについて』De Exhortatione Castiatis 7.3では、「三人がいるところには、たとえ彼らが信徒であっても、そこに教会があるのである」と述べています（テルトゥリアヌス「貞潔の勧めについて」『テルトゥリアヌス4　倫理論文集』木寺廉太訳、キリスト教教父著作集16、教文館）。さらに『洗礼について』6：2では、次のように記されています。

「なぜなら、もしこの三性の証人の中にすべての神の言葉が存立しているのなら（Ⅱコリント13：1、申命記19：15、マタイ18：16）、この贈り物はいかに大きなものであろうか。私たちは［典礼などでの］祝福の折にも、それと同じ［三つの］方を信仰の証人として、つまり救済のための保証人として、戴くであろう。さらにまた、［これらの］神格の名前の数は希望の信託に対応するが、信仰の証し、救済の保証がこの三者の許で受理されるとしたなら、教会への言及がそれに加えられることは当然であろう。なぜなら、三位、つまり父と子と聖霊がおられる所には、また、この三者の体である教会が存在するからである」（テルトゥリアヌス「洗礼について」『中世思想原点集成4　初期ラテン教父』、48頁）。

ここには、教会の存立と三位一体の神の現在の密接不可分なことが語られていますが、しかも、それは、理論的な要請によってではなく、救済論的な要請であり、希望の信託によることであるとされていることは注目に値します。

キプリアヌスにおける「母なる教会」

キプリアヌスは、『主の祈りについて』で次のように語っています。「神に対する最高の生贄（いけにえ）、それはわれわれの平和と兄弟的な一致和合、さらに父と子と聖霊の一致において一つに結ばれた民に他ならない」（キプリアヌス「主の祈りについて」、『中世思想原点集成4 初期ラテン教父』、吉田聖訳、165頁）。キプリアヌスもまた、テルトゥリアヌスと同じように、教会を三位一体の神信仰で一致する民と理解していることがわかります。この教会が母と呼ばれています。

さらに、キプリアヌスは、彼の主著であり、古代における唯一のまとまった教会論とも言える、『カトリック教会の一致について』5の中で、教会が一つでありながら、そこからさかんに成長し、拡大している有様を、多様な譬えを用いて語っています。光と光線、流れと泉、樹木と枝……など。そして次のように言います。「教会は全世界にその枝を豊かに広げ伸ばしている。教会は満々たる流れを注ぎ出している。それにもかかわらず、その源は一つである。教会は豊かな実りを産み続ける一人の母である。われわれはその胎内から生まれ、その乳で養われ、その精神で生かされているのである」（キプリアヌス「カトリック教会の一致について」、『中世思想原点集成4　初期ラテン教父』、吉田聖訳、185頁）。

エイレナイオス以来、教会は聖にして、公同、一なるものであると語られてきましたが、キプリアヌスもまたそのような教会理解を継承しつつ、ここで非常に明確に教会を母と呼び、この母が、信仰者を福音という乳で養うと理解しています。

キプリアヌスは、『カトリック教会の一致について』6の中で、教会を「キリストの花嫁」とも呼んでいます（『中世思想原点集成4　初期ラテン教父』、189頁）。教会は、姦通に誘われることはなく、貞淑で汚れなく、一つの屋根の下に清浄を保つと述べられています。そして、キプリアヌスは、「教会を母として持たない者は、神を父としてもつことができない」と明言するとともに、次のように聖書の典拠を挙げていきます。『「私と父は一つである」（ヨハネ10：30）と主は言われる。さらに父と子と聖霊については、こう記されている。『この三者は同じことを証ししています』（ヨハネ5：8）」。

キプリアヌスに明らかなように、母としての教会論は、父と子の交わりの信仰に直結していいます。この交わりの中に、存立の根拠を持つので、教会は、分裂を許さない一枚織のキリストの衣服であると言われました（7章）。信じる者には、唯一の教会以外に家はないのです。人が和合をもって住むことができるのは、神の家であるキリストの教会だけです（8章）。そして、和合のない不誠実こそが、分裂をもたらし、平和を破る悪と異端のしわざなのであると断定されます（10〜11章）。だから、教会は、終末に向けて、目を覚まして歩む信仰の一致に基づく共同体であり、背教者にも、神に逆らう者にも惑わされてはならないと理解されました。一度信仰告白した者でさえ、迫害に耐えかねて神の道からそれることもあります。信仰告白した者も、へりくだって、忍耐し、キリストの平和を保たねばなりません（22章）。キプリアヌスは、エフェソの信徒への手紙5章6節を引用した後、次のように言います。

「それゆえ、われわれは堕落した者から離れねばならない。いやむしろ、逃げ去らねばならない。そうしなければ、真理の道から離れ、悪い行いをする者の仲間となり、罪と迷いの道を歩み、自分も同じ罪の中に引き入れられてしまうからである。神は唯一、キリストはただ一人、教会も信仰もただ一つである。その民は『和合の膠』によって、堅固な単一体として結ばれた一つの民なのである」（キプリアヌス「カトリック教会の一致について」23、206頁）

キプリアヌスにあっては、教会の一致と和合は、三位一体の神の一体性に根拠づけられています。言い換えれば、母なる教会は、父と子と聖霊の交わりの中で、一致と和合を保つ共同体であり、共同体の成員は、福音である乳によって養われ、生かされています。

このような教会論は、やがてアウグスティヌスに継承されていきますが、アウグスティヌスにあっては、それまでの教父の教会論から明らかな展開とともに、ある種の逸脱の可能性が生じます。逸脱することで、アウグスティヌスの三位一体論は、さらに豊かな思索と体系化の対象となりますが、同時に、教会論との乖離（かいり）の可能性をつくりだしたことも事実です。それは、アウグスティヌスの『三位一体論』によく表れています。アウグスティヌスは、三位一体論の痕跡を、神の似像に創造された人間の精神に求めることによって、神と人間という人格関係から、三位一体の神論を展開していきます。そこでは、「母なる教会」理解と結びついた三位一体論が、後退していく傾向を示します。

これに対して、宗教改革者カルヴァンは、その乖離を修正し、再度キプリアヌスに至る教会論の系譜に神学を連れ戻し、教会論においては、真の意味で、古代教会の教会論の回復を計ったと理解することができるでしょう。したがって、「母なる教会」概念は、カルヴァンの用いた教会についての一比喩ではなくて、むしろ主要概念なのです。さらに、カルヴァンにあっては、母なる教会概念は聖餐論と結び付き、大きな神学的な意味を持つようになります。

アウグスティヌスの教会論と三位一体論

アウグスティヌスは、**ミレヴィスの司教オプタトゥス**の教会理解をさらに深め発展させて独自の教会論を展開しました。ミレヴィスの司教オプタトゥスは、厳格主義者である**ドナトゥス派**のパルメニデスを論駁するために、366年ないし367年に六つの書（後に七つに拡大された）を記しました。その中には、次のような教会論が展開されていました。①サクラメントは神から効力を発しているのであって、聖職者からではない。②教会が聖であるのは、そこに属する人々の特性によるのではなく、教会が三位一体の象徴やペトロの座、信仰者の信仰、そしてキリストの救いを示すもの、とりわけサクラメントそれ自体を保持しているからである。オプタトゥスにとって、教会の一致は主によって決断されたものであり、その目に見える顕れは、ペトロの座との交わりに存するものでした。教会の分離は、ほとんど背教に等しいものであって、慈愛の精神を否定することでした。教会は不可分なものであるゆえに、ドナトゥス派のような教会分離論者は、枝から切り取られた木のように、教会を分裂させるというよりも、自分たちを教会から切り離していると考えられました（195頁）。

アウグスティヌスもまた、教会を「キリストの王国」、「キリストの神秘的身体」、「花嫁」などの比喩とともに、「キリスト者の母」と表現しました。母としての教会は、キリスト者を産むとともに養い育て、神の子たちに安らかな家を提供します。「神を持つものはあなたの御父ゆえに、また教会を持つものはあなたの母ゆえに、安らかである」（アウグスティヌス『ペティリアヌス駁論』Ⅲ・10）。母なる教会は、洗礼によって、信仰者を産みだします。

ここから、たとえドナティスト派の厳格主義者や教会分離論者であっても、母なる教会にあって、信仰とサクラメントを持つことができると考えたのです。しかし、彼らは、それらを有益には用いることができないと断じました。なぜなら、聖霊は教会の中でのみ与えられると考えたからです。アウグスティヌスは、ドナティスト派の教会で洗礼を受けたキリスト者を産んだのは母なる教会であり、「教会の境界線の内側にいる者も、そうでない者も、すべてを産み出すのも教会である」（アウグスティヌス『洗礼論』1・10〔13〕～17〔26〕、1・15〔23〕）と述べています。

さらに、よく知られているように、アウグスティヌスにあっては、教会とは、ドナティストの教会理解とは異なって、善人とともに悪人から成る「**混ざり合った共同体**」であると考えられました。しかし、罪びとたちは、実際には、教会の中にいるように見えますが、「愛の不可視の結合」にはあずかっていないと考えました。彼らは、この住処の内側にいるが、最も内部の構造には疎遠なままなのです。彼らは、「公同教会の交わり」を享受していますが、厳密な意味では、これに属するのは、「聖徒の集まりの共同体」すなわち「聖なる教会」を構成する者たちだけであるとアウグスティヌスは考えました。

このような主張は、オプタトゥス以来4世紀のラテン世界では共通のものとなっており、アウグスティヌスは、母が産む子どもたちは、ただちに善人ばかりではなく、その多くは、罪人にとどまり、悔い改めと和解が求められる存在とみなしました。しかし、だからといって、二度目の洗礼が求められはしません。なぜなら、罪人は、「信仰に基づく鍛錬と真実な信仰の告白によって罪が取り除かれる」(アウグスティヌス『洗礼論』1・17〔26〕)からです。

かくして、産み、育て、養育する母なる教会概念は、アウグスティヌス以後も、ローマ・カトリック教会の教会論に大きな影響を与えることになります。教会は、一方で、事効説に基づく共同体でありながら、教皇を頭(かしら)にいただきつつ、母として道徳的模範となり、自己犠牲的な献身に生きる共同体として理想化されていきます。

アウグスティヌスは、アンブロシウスの言葉「マリアは教会の原型である」をさらに展開して、キリストの母であるマリアと教会員を生み出す教会との間の類似性と相違を明らかにしていきます(『説教』191・2~3、192・2、『処女について』VI・6)。頭と成員との神秘的な一致という観点から、処女マリアは、教会の原型とみなされるようになります。しかし、御子を通して、マリアもまた聖化され救われる存在としては、多くの成員の一人にすぎず、教会は、マリアよりも大きな存在なのであると認識されていました。

アウグスティヌスの教会論は、多岐にわたり、彼の神学体系のすべてと関わっていると言ってよいでしょう。しかし、わたしたちが注目したいことは、晩年の大著『三位一体論』では、アウグスティヌスが三位一体論と母としての教会論の結び付きを明らかに後退させている事実です。つまり、エイレナイオスとテルトゥリアヌス、そしてキプリアヌス以来の教会論と三位一体論の密接な結び付きよりも、三位一体論は、神の内在的な区別と統一を、神の似像である人間の精神(mens)の三つのあり方、すなわち記憶(memoria〔メモリア〕)と知解(intelligentia〔インテリゲンチィア〕)と意志(voluntas〔ヴォルンタス〕)の区別と統一性という痕跡(vestigia〔ヴェステジア〕)から説明しようとする方向へと変化し、その結果、教会論との結び付きを希薄にさせていくことになるのです(アウグスティヌス『三位一体論』10・11・18など)。実際、アウグスティヌスの『三位一体論』には、教会への言及はわずかにはありますが(例えば『三位一体論』2・30、15・26、15・34など)、「母なる教会」概念は出てきません。教会という可視的な共同体を遥かに越えて、信仰者の眼差しは、知恵(サピエンチア)によって、三位一体の神の内在的な在り方に向けられ、そこから讃美と伝道が導かれるのです。

このようなアウグスティヌスの三位一体論は、エウセビオスの考えたような政治神学を越えて、独特な歴史神学を形成する起点となったという意味で大きな意義を持つことは確かです（R・A・マーカス『アウグスティヌス神学における歴史と社会』、宮谷宣史・土井健司訳、教文館参照）。アウグスティヌスが古代ローマの歴史とキリスト教受容を中立化して、カエサリアのエウセビオスの語った意味での救済史として見ることを止めることで、歴史の神学は新しい展開を見せます。すなわち、歴史は、ちょうど教会に「よい麦と毒麦」とが混在するのと同じように、神の国と地上の国が混在し、せめぎ合い、相克する場所と考えられるようになります。神の国は、神への愛によって基礎づけられた神の支配であり、地上の国とは、自己愛の支配そのものです。教会が、その共同体のただ中に、地の国の信奉者（毒麦）を含んでいるのと同じように、歴史もまた、神の国のただ中に、地の国を含むものとみなされます。

つまり、歴史の本質は、義なる人間と不義なる人間の根底にある神への愛と自己愛という根源的な対立、しかも人間の原罪を内に内包する決定的な対立に根差すものとなります。したがって、アウグスティヌスにあっては、神の国と地上の国の対立と相克は家（オイコス）における人間の問題であり続けます。さらに、二つの国の根底にある二種類の愛の根源的な対立は、人間の行為の動機に関する思索と結び付いていきます。

キリスト教を国教化していくローマは、それ自体が、**救済史**の一つの担い手たる神の支配の一翼なのではありません。ローマが神の国と接触するためには、そこに神への愛が結実し、キリストの支配が確立するのでなければならないのです。しかも、その完成は、人間の目にはなお明らかではなく、終末時の歴史の完成を待つほかはないでしょう。

ここで、アウグスティヌスの**歴史の神学**は新しい可能性を内包させることになります。それは、歴史に働きかける**経綸的な三位一体の神**が、その**内在的な三位一体**の在り方と完全に対応することで、歴史の中に自己愛ではなく、神への愛に基づく共同体を形成し、そこから普遍的共同体に根差した可視的教会形成の明確な動機を与えます。アウグスティヌスの『三位一体』論の最後が、**伝道論的な方向**を示しているのもそのためでしょう。しかしながら、この可視的共同体形成の動機は、三位一体論との関わりから言えば、神と人との関係を基盤とするとともに、聖霊を父なる神と御子イエス・キリストの「愛の絆（vinculum caritatis）」として理解することによって、聖霊論の積極的展開を阻害するものとなっていったことも事実です。

つまり、アウグスティヌスの歴史の神学は、強靭な思索と歴史意識に基づいて組み立てられて行くのですが、内在的な三位一体と経綸的な三位一体の関係が、神と人間の精神の関係から説明されることで、母なる教会の個別性と特殊性が有する、三位一体の神への信仰との結び付きを後退させていくことになるのです。これをどう乗り越えるかは、西方神学共通の課題といえるでしょう。

あとがきと参考文献

本書を辛抱つよく読み通してくださった読者諸氏にまず感謝いたします。本書を読んで、さらに教父について学びたいと感じましたら、ぜひ個別の教父の著作を読んでください。邦訳のある個別の教父の著作は、ブロックス『古代教会史』（関川泰寛訳、教文館）の巻末を参照してください。また、近日中に刊行予定のヤング『ニカイアからカルケドンへ』（関川泰寛、本城仰太共訳、教文館）にもリストが付される予定です。古代教父の思想と生涯には多様性があり、「教父」という名のもとに一括りにはなかなかできるものではありません。そこで、概説を読んだ後には、御自分でどれだけ多くの教父の著作を読めるかどうかに、教父の理解を深める鍵があると思います。

実は研究者も、ミーニュ版のギリシア教父、ラテン教父などの膨大な全集の前に佇むと、無力感に陥ります。宝の山を前にして、短い生涯の間に、どれほどの文献が読めるかと考えてしまうからです。わたしたちが読むことができるのは、教父の著作のほんの一部にすぎません。しかし、それでもまず自分が関心を持つ教父の著作をこつこつ読み続けていくことが、教父学に習熟する最短の道となるでしょう。教父学研究に王道はないのです。

さて、本書は、筆者がこれまで書き溜めてきた文書や研究会などで発表したレジメなどに手を加え、また新たに書き下ろした文章をもとにして出来上がっています。初学者にもわかりやすい叙述を心掛けましたが、章によっては、個別的でやや煩瑣な神学的な主題を取り扱っているものもあります。そのあたりは、辛抱して読んでいただければと思います。

学術書であれば初出を記すのですが、むしろ本書の読者には煩瑣であると考え、すべて省いています。ただし、さらに教父思想の学びをしたいと考えている読者諸氏のために、膨大な文献を読み解く手がかりとなる**参考文献**を以下で紹介しましょう。文献表というよりは、私自身が本書の叙述にあたって、おおいに参考にした書物を感謝をもってを紹介し、それらを読むにあたってのコツあるいは注意のようなものを記しました。皆様の参考になれば幸いです。

第1章の「教父とは何か」、第2章「教父を知る意義」に関連して、先に挙げたヤング『**ニカイアからカルケドンへ**』が有益です。これは大部な専門書ですが、ニカイアの教父からカルケドン会議に至る教父全般を扱っています。しかも、通り一遍の概説書ではなく、最新の研究が反映された教父研究の必携です。ただしニカイア以前の教父の記述はないので注意してください。教父全般の解題や生涯、思想の紹介は、Quasten,Patrology（クアステン『教父学』）がありますが、なにせ全4冊の大部な書物であり、邦訳がないので、なかなか利用が難しいと思います。

そこで、教父学の知識を得る方法として、日本語で読めるキリスト教関係の事典や辞書の活用がおすすめです。『**岩波キリスト教辞典**』（岩波書店）や『**オックスフォードキリスト教辞典**』（教文館）、そしてH・クラフト『**キリスト教教父事典**』（教文館）があります。古いものでは、『**キリスト教大事典**』（教文館）があります。さらに図書館などで、『**カトリック大事典**』（研究社）で項目を拾ってみるのもよいでしょう。これらの事典、辞書は、人名や項目を引いて、最低限の知識を得るのに有益です。さらに日本人の研究者の書いた教父概説もあります。先ごろ出た土井健司『**教父学入門　ニカイア以前の教父たち**』（新教出版社）は、本書で扱ったニカイア以前の教父の生涯や背景を知るための有益な書物です。本書では、十分言及できなかった使徒教父や弁証家なども取り上げていますので、ぜひ参考にしてください。また、日本における教父研究の草分けのお一人小高毅『**古代キリスト教の思想家の世界　教父学序説**』（創文社）もあります。

わたし自身は、教父を学び始めた当初は、人名や地名もなかなか頭に入らず、ましては、膨大な教父の著作の成立年代なども記憶できなかったので、大いに不便を感じたものです。そこで、自分流の年表を作成し、ルーズリーフの左側に教父名、生年没年、右側に著作と内容、読んだ場合には、コメントなどを付して、自分なりのPatrologyを作りました。これは、教父学を学び始めて数年間はおおいに重宝したものです。

第3章の「教父の生きた時代と世界」については、領域は多岐にわたり、Patrology以外に一冊にまとまった便利な書物があるわけではありません。原典の邦訳に付された解説などが有益です。また古代ローマ史の研究書も有益です。松本宣郎氏のいくつかの著作をお勧めします。『**初期キリスト教の世界**』（新教出版社）『**キリスト教徒が生きたローマ帝国**』（日本基督教団出版局）『**ガリラヤからローマへ**』（講談社）などです。私は、個人的にも何度も松本氏の講演や研究発表を聴く機会がありましたので、第三章の叙述の多くを松本氏の著作や講演に負っています。さらに古代教会史全般にわたる知識は、先に挙げたブロックス『**古代教会史**』をご覧ください。繰り返しになりますが、この書物の最後に、日本語で読める教父の著作のリスト、さらに二次文献の一覧があり有益です。多くの二次文献を読む以上に有益なのは、4世紀の教会史家カエサリアのエウセビオスの『**教会史**』（全3冊、山本書店、最新版は、講談社学術文庫）を読むことです。今日の客観的な歴史叙述ではありませんが、同時代のエウセビオスが自らの史観によって書き記した教会の姿を読みとることができます。

第4章の使徒教父と弁証家ですが、『**使徒教父文書**』（講談社文芸文庫）や教文館から出ている

『**キリスト教教父著作集1　ユスティノス**』に付された解説も有益です。加えて、ブロックス『古代教会史』(教文館)には、使徒教父と弁証家の時代の古代教会の職制や信仰告白理解が解説されています。また『**中世思想原典集成1　初期ギリシア教父**』に、アンテオケのテオフィロスの『アウトリュコスに送る』が翻訳されています。

第5章の初期の教父たちが戦った宗教運動については、日本語で読める文献も増えています。特に、優れたグノーシス主義研究が数多く出ていますし、ナグハマディ文書の翻訳は、岩波書店から出されているので、日本語で一次史料を読み、またそれらの解説から多くを学べます。大貫隆『**グノーシスの神話**』(講談社学術文庫)も簡単に入手できます。また、マニ教については、ミシェル・タルデュー『**マニ教**』(白水社、クセジュ文庫)があります。

第6章の教父と正典形成については、荒井献編『**新約聖書正典の成立**』(日本キリスト教団出版局)があります。研究者諸氏の論文集ですが、マルキオンやグノーシス主義などの外的な要因が、どのように正典形成を促したと考えられるかを解明しています。しかし、正典諸文書が、結集された内的な要因の解明は、十分なされているとは言えません。

第7章のエイレナイオスとテルトゥリアヌスという3世紀の重要な教父ですが、彼らの著作の翻訳(『キリスト教教父著作集』のエイレナイオスとテルトゥリアヌスの該当巻)とともに、いくつか日本語の研究書も出ています。目を通して本書に反映させる時間がありませんでしたが、大庭貴宣『**エイレナイオスの聖霊神学**』（ヨベル）が最近出ました。鳥巣義文『**エイレナイオスの救済史神学**』（新世社）もあります。

第8章のキプリアヌスについては、熊谷賢二訳のキプリアヌス『**偉大なる忍耐・書簡抄**』（創文社）の解説があります。また『**中世思想原典集成4**』キプリアヌスの『カトリック教会の一致について』などが翻訳されています。さらに佐藤吉昭『**キリスト教における殉教者研究**』（創文社）は、キプリアヌスの生きた時代の背景を知るためには有益です。

第9章アレキサンドリア学派のオリゲネスについては、小高毅『**オリゲネス**』（創文社）『**オリゲネス**』（清水書院、人と思想シリーズ）があります。オリゲネスの著作は、『**キリスト教教父著作集**』のオリゲネスの巻参照。

第10章キリスト教の公認と教父、第十一章古代教父の救済論については、拙著『**アタナシオス神学の研究**』（教文館）、安井聖『**アタナシオスの神論と救済論**』（関東学院大学出版会）を参照してください。

第12章のギリシア教父と哲学は、2022年に日本基督教学会近畿支部で行われたシンポジウム「キリスト教と哲学」の発表を元に加筆修正したものです。土井健司他（監修）『**キリスト教神**

学命題集』に寄稿したアタナシオスの『受肉論』の解説（22頁以下）もご覧ください。さらにスティッド『古代キリスト教と哲学』（教文館）は必読書です。また土橋茂樹『教父と哲学』（知泉書院）に、カッパドキア教父と哲学の個別的な研究が収められています。ただし概説的な叙述ではありません。

第13章「砂漠の修道士たちの世界」は、何といってもアタナシオスの「アントニオスの生涯」（『中世思想原典集成1　初期ギリシア教父』所収）を読んでみましょう。そこから、拙著『アタナナシオス神学の研究』の第四章一節を参照してください。先に紹介したヤング『ニカイアからカルケドンへ』も有益です。

第14章は、古代教会の礼拝、サクラメントと説教ですが、ブロックス『古代教会史』の解説が有益です。また拙著『ニカイア信条講解』も参考になります。

第15章もまた、拙著『ニカイア信条講解』が直接の参考文献となります。海外では、この分野でも新しい研究が出ていますが、邦語ではまだ研究が追い付いていない現状があります。この分野では、何といってもケリー『初期キリスト教信条史』（一麦出版社）が古典的な研究であり続けています。

第16章が取り上げるバシレイオスについては、土井健司『救貧看護とフィランソロピア』（創文社）があります。教父思想が、救貧の思想や実践とどう結びついていたかを解明する興味深い書物です。また、水垣渉「バシレイオス」『**古代キリスト教の教育思想**』（東洋館出版社所収）が有益です。本稿も、多くを水垣氏の叙述に負っています。

第17章のエルサレムのキュリロスの時代は、日本語で読める研究書は、ほとんどないように思えます。唯一『**中世思想原典集成　盛期ギリシア教父**』の訳者の解説が有益です。テキストを見ながら、解説文を十分読み取ることは、キュリロス研究の出発点となるでしょう。また、本書は、本文中でも指摘したように、St. Cyril of Jerusalem, Lectures on the Christian Sacraments（ギリシア語原典と英訳）に付された碩学クロス（F. L. Cross）の解説に多くを負っています。英語を読める読者諸氏は、解説文から有益な示唆を得られます。

第18章カッパドキア教父と三位一体論についても、日本語文献は多くはありません。こちらも先の土橋茂樹氏の前掲書、スティッドの前掲書を見てください。ケリー『**初期キリスト教教理史**』（津田謙治訳）（下巻）にカッパドキア教父の神学への概説的な解説があります。またヤングの前掲書も有益です。ただし、カッパドキア教父の教父学の本格的な研究はありません。キリスト教教理史の重要な分野でありながら、日本の研究者が少ないのはやや寂しいところです。今後、『カパドキア教父の神学の研究』といった研究書が出版されることを夢見ます。

第19章のアウグスティヌスについての参考文献は、枚挙にいとまはありません。この分野は、多様で、重厚な研究が日本語でも出されています。アウグスティヌスに親しむためには、まず彼の『**告白**』を読むことをお勧めします。その上で、諸著作の読破に挑戦し、合わせて解説書を読むとよいでしょう。小さな書物でありながら、わたしが刺激を受けたのは、チャドウィック『**アウグスティヌス**』(教文館)です。また大学生の頃読んだ、レーヴェニッヒ『**アウグスティヌス生涯と業績**』も全体を整理して概観するものとしては有益でした。また金子晴勇『**キリスト教思想史の諸時代2　アウグスティヌスの思想世界**』(ヨベル)も必読でしょう。読み物として、出村和彦『**アウグスティヌス—「心」の哲学者**』(岩波新書)や山田晶『**アウグスティヌス講話**』(講談社学術新書)があります。加えて、ピーター・ブラウン『**アウグスティヌス伝上下**』(教文館)は、古代末期の発見という意味でも記念碑的な著作です。また、アウグスティヌスが生きた歴史世界と彼の歴史哲学を知るための必読書は、マーカス『**アウグスティヌス神学における歴史と社会**』(教文館)です。この書物は、古代末期の時代と神学の関係を考える時、わくわくするような興奮を感じる書物です。

以上、これからさらに学びを続けたいと願う諸氏のために、文献を紹介しました。教父文献は膨大で、本書に掲げた書物に尽きるものではありません。さらに探索して、有益な書物を見出してください。そして、教父という、古代から古代末期の世界で、キリスト教の弁証と伝道に生涯をかけた人々の群れが、父と子と聖霊なる神を指し示し、キリストの現臨の確信に生きることによって、わたしたちの信仰をも奮い立たせ、礼拝へと導くことを読者諸氏が知ってくださるならば、望外の喜びです。教父たちが共有する礼拝の本能や頌栄的な姿勢こそ、現代のキリスト教徒も受け継ぐことのできる神学的な遺産です。

執筆にあたり、歴史神学研究会のメンバー、日本神学研究センターの皆さんからは、たくさんの学問的な刺激を受けたことを感謝いたします。また、このたびは、本書の執筆を勧めてくださり、適切な助言を惜しまなかったヨベルの安田正人社長にも、この場を借りて、深く感謝を申し上げます。

最後に、ハラスメントを受けた元学生を擁護したために、わたし自身がハラスメントを受けて、定年前に東京神学大学を退職することを余儀なくされた後も、わたしを励まし支え、執筆の時間をいつも作ってくれた妻瑞恵に本書を捧げたく思います。

2023年1月15日　　大森めぐみ教会にて

関川泰寛

関川泰寛（せきかわ・やすひろ）

1954年、東京生まれ。慶応大学経済学部を卒業後、エディンバラ大学で神学を学び、東京神学大学大学院を修了後、東北学院大学助教授、東京女子大学講師、国際基督教大学講師、東京神学大学教授、泉高森教会牧師、十貫坂教会牧師を経て、2013年より大森めぐみ教会牧師。

主な著書：『ニカイア信条講解』（教文館、1995）、『聖霊と教会』（教文館、2001）、『二つの信仰告白に学ぶ』（全国連合長老会出版委員会、2003）、『アタナシオス神学の研究』（教文館、2006）、『明解カテキズム』（解説、キリスト新聞社、2005）、『続・明解カテキズム』（解説、キリスト新聞社、2009）、『新・明解カテキズム』（解説、教文館、2017）、『ここが知りたいキリスト教』（教文館、2010）

主な訳書：主な訳書：A. ヘロン『聖霊—旧約聖書から現代神学まで』（ヨルダン社、1991）、C.E.B. クランフィールド『使徒信条講解』（新教出版社、1995）、N. ブロックス『古代教会史』（教文館、1999）、D. ファーガソン『共同体のキリスト教的基礎』（教文館、2002）、A.E. マクグラス『キリスト教思想史入門—歴史神学概説』（共訳、キリスト新聞社、2008）、C. スティッド『古代キリスト教と哲学』（共訳、教文館、2015）

ヨベル新書 087

キリスト教古代の思想家たち

教父思想入門

2023年4月20日 初版発行

著　者 —— 関川泰寛

発行者 —— 安田正人

発行所 —— 株式会社ヨベル　YOBEL, Inc.

〒113-0033 東京都文京区本郷 4-1-1-5F

TEL03-3818-4851　FAX03-3818-4858

e-mail：info@yobel. co. jp

印刷 —— 中央精版印刷株式会社

装幀 —— ロゴスデザイン：長尾 優

配給元—日本キリスト教書販売株式会社（日キ販）

〒162 - 0814　東京都新宿区新小川町 9 -1

振替 00130-3-60976　Tel 03-3260-5670

　ISBN978-4-909871-84-8 C0216